EVROPA

Für Malsy

Bernd Mollenhauer

VERMISCHTES
AUS DEM REICH DER TOTEN

Mit einem Totentanz von BECK

Ein Trostbüchlein
der Europäischen Verlagsanstalt

INFORMATIONEN ZU UNSEREN VERLAGSPROGRAMMEN
FINDEN SIE IM INTERNET UNTER
WWW.EUROPAEISCHE-VERLAGSANSTALT.DE
BZW. WWW.ROTBUCH.DE

DIE DEUTSCHE BIBLIOTHEK – CIP-EINHEITSAUFNAHME
EIN TITELDATENSATZ FÜR DIESE PUBLIKATION
IST BEI DER DEUTSCHEN BIBLIOTHEK ERHÄLTLICH

© EUROPÄISCHE VERLAGSANSTALT / ROTBUCH VERLAG,
HAMBURG 2000
UMSCHLAGGESTALTUNG: + MALSY, BREMEN UNTER
VERWENDUNG EINER ZEICHNUNG VON BECK
SIGNET: DOROTHEE WALLNER NACH CASPAR NEHER » EUROPA « (1945)
INNENLAYOUT UND SATZ: + MALSY, BREMEN
HERSTELLUNG: DAS HERSTELLUNGSBÜRO, HAMBURG
DRUCK UND BINDUNG: CLAUSEN UND BOSSE, LECK
PRINTED IN GERMANY
ALLE RECHTE VORBEHALTEN
ISBN 3-434-50485-0

VORWORT

»Der Tod ist eine Bewußtheit, in die ich eintreten muß. Denn nur durch den Tod passiere ich das Tor zu einem anderen Leben.« So August Everding, der bekannte Theater- und Opernregisseur, drei Monate vor seinem Tod. Der rührige Kosmopolit aus dem Rheinland war gewiß ein aufgeklärter, aber doch ein gläubiger Mensch, insofern kann seine Erwartung auf ein Leben danach durchaus als prototypisch gelten für das christliche Abendland.

Doch alle Aufklärung versagt, wenn es um den Tod geht. Wie damit umzugehen ist, wissen wir bis heute nicht. »Für einen Pariser, New Yorker oder Londoner ist der Tod ein Wort, das man vermeidet, weil es die Lippen verbrennt«, sagt der aus Mexiko stammende Lyriker Octavio Paz und benennt damit den Gegenpol zu seinem eigenen Land, das den Tod emphatisch zu feiern versteht.

Im Spannungsfeld dieser so gegensätzlichen Sichtweisen gibt es eine Vielzahl von Geschichten, die nicht den Tod, aber doch den Umgang mit ihm erlebbar werden lassen. Manche dieser Geschichten gehen buchstäblich unter die Haut, weil sie so bewegend sind, manche hinwiederum klingen so, als könnten sie nur erfunden sein. Doch wie in der Liebe scheint auch beim Tod alles möglich. Also machen wir uns auf die Reise, die mit der uralten Angst vor dem Lebendig-Begraben-Werden beginnt, und folgen einem Leichenbegängnis und den Begräbnisriten verschiedenster Kulturen quer durch die Jahrhunderte.

INHALT

UNSERE LEBEN SIND FLÜSSE,
DIE DA MÜNDEN IN DAS MEER,
DAS UNSER STERBEN IST.
Jorge Manrique (1440 – 1478)

TÄGLICH STERBEN WIR

In einem der schönsten Filme, die B-Movie-Spezialist Roger Corman je nach einer Vorlage von Edgar Allan Poe gedreht hat, *Premature Burial* von 1962 (*Lebendig begraben*, so der deutsche Verleihtitel), leidet Guy Carrell (Ray Milland) unter der quälenden Zwangsvorstellung, lebendig begraben zu werden. Dies um so mehr, als er anläßlich einer Exhumierung damit konfrontiert wird, daß der Ausgegrabene tatsächlich noch nicht tot war, als man ihn in den Sarg legte. Der zerkratzte Sargdeckel, mehr noch das im Todeskampf grausam entstellte Gesicht der Leiche zeugen davon.

Carrell ist der festen Überzeugung, daß auch sein früh verstorbener Vater nur scheintot war, als man ihm das letzte Geleit gab. Noch in der Nacht der Beerdigung will er die Schreie des Vaters aus der Familiengruft vernommen haben, wo der vermeintlich Tote eingemauert war. Carrell hat wahrhaft genug Vorstellungsvermögen, sich diesen Horror lebhaft vorzustellen: »Dieser unerträgliche Druck auf den Lungen. Die Feuchtigkeit der Erde mit ihren erstickenden Dämpfen. Die starre Umarmung des Sarges, der mich erdrückt. Die Schwärze der absoluten Finsternis und Nacht. Und die Totenstille, in der man wie in einem Meer ertrinkt.«

Um nicht das gleiche Schicksal zu erleiden, verfällt Guy auf die Idee, sich selbst ein Mausoleum zu bauen. Zum Entsetzen seiner schönen jungen Frau Emily und zum Befremden seines Freundes, des Wissenschaftlers Dr. Miles Archer. Carrell läßt sich davon nicht beirren. Mit den Worten »Trinken wir auf etwas, das einmalig ist – auf den Tod« präsentiert er den beiden die mannigfaltigen Vorzüge seiner höchst eigenen »Erfindung«: Der Sarg läßt sich von innen öffnen, und auch das Mausoleum verfügt über allerlei Vorrichtungen, um daraus zu fliehen oder sich zumindest bemerkbar zu machen. Wenn das alles nicht reicht, steht, wie Carrell seiner Frau und dem Arzt erklärt, immer noch eine Art Schierlingsbecher bereit, ihm »den Eintritt in den Himmel, die Hölle oder ins Nichts (zu) ermöglichen – zwei Schluck genügen«.

Die Angst vor dem Scheintod ist aufs engste verbunden mit der, lebendig begraben zu werden, und eigentlich sind sie identisch. Letztere hat gewiß das größere Alptraum-Potential, auch wenn es ausgeschlossen scheint, daß der gefürchtete Fall jemals eintritt. Unversehens flackert die überwunden geglaubte Angst doch wieder auf, weil ein Mann wie Marc Dutroux, der Kinderschänder aus Belgien, einige seiner Opfer in einem kryptaartigen Kellerschacht hat verhungern lassen. Ähnlich schrecklich muß es Richard Oetker ergangen sein. Der Sohn des Puddingfabrikanten aus Bielefeld wurde 1976 das Opfer in einem spektakulären Entführungsfall. Gefangengehalten in einer sargähnlichen Kiste, die ihn vermittels Stromschlägen auf lebenslang zum Krüppel machte, rückte sein Schicksal wieder ins öffentliche Bewußtsein, als Dieter Zlof, sein Entführer, nach 15 Jahren Haft wieder auf freien Fuß kam.

Wie wenig diese Angst aber mit realen Gegebenheiten verbunden sein muß, zeigt schon Philippe Ariès in seiner »Geschichte des Todes«. Zwar findet auch er reichlich Belege für diese seit etwa Mitte des 18. Jahrhunderts mit Macht anwachsende Angst, doch die für denselben Zeitraum dokumentierten Fälle sind, sofern sie tatsächlich auf wahren Begebenheiten beruhen, leicht abzählbar an den Fingern einer Hand.

Mag der Scheintod also eher ein »Scheinproblem« gewesen sein, wie Ariès schreibt, war es doch diese weitverbreitete Angst, die maßgeblich zum Entstehen der ersten Leichenhallen in Deutschland beigetragen hat. Überdies fürchtete man insbesondere in den Städten die Seuchengefahr, die von einem »Leichenacker« ausging. Mit fortschreitender Urbanisierung unter dem Druck allgemeinen Bevölkerungswachstums und einsetzender Landflucht lagen nämlich auch die Leichenacker nicht mehr jenseits der festgefügten alten, sondern innerhalb ständig erweiterter Stadtgrenzen. Die hygienischen Verhältnisse in diesen vorindustriellen Slums waren katastrophal, aber kaum schlimmer als in den Städten generell. Demgegenüber war die vermeintlich drohende Verseuchung des Bodens, des Wassers und der Luft mit Leichengift eine konkrete und ernste Gefahr, der man unter allen Umständen Einhalt gebieten mußte.

Die Einführung der Leichenhallen – die erste entsteht 1791 in Weimar, Berlin folgt 1797, Mainz im Jahre 1803 und München 1818 – setzt aber auch eine Entwicklung in Gang, die bis heute fortdauert. Der Tod wird aus dem häuslichen Bereich verbannt, und damit auch der Brauch, die Totenwache über einen Zeitraum von zwei oder drei Tagen zu halten. Erst dann konnte man wirklich sicher sein, daß der Tod auch eingetreten war.

In dem Maße, wie man damals noch selbstverständliche Tätigkeiten wie das Waschen der Leichen fremder Leute Hand übertrug, hat sich auch das Verhältnis zum Tod verändert. Heute lebt eine ganze Branche von unserer sorgsam auf Abstand bedachten Pietät, und das nicht einmal schlecht, mit einem Jahresumsatz von immerhin dreieinhalb bis vier Milliarden Mark. Überdies absolut krisensicher, denn außer Steuern ist nichts so sicher wie der Tod.

Dabei waren die frühen Leichenhallen durchaus zu Fromm und Nutzen derer ausgelegt, die dort bis zur Beerdigung gleichsam zwischengelagert waren. Anders als heute dienten sie keineswegs der Bewahrung vor Verwesung, sondern der Bewahrung vor dem Lebendig-Begraben-Werden, dem größten vorstellbaren Schrecken der damaligen Zeit. Deshalb waren die Leichenhäuser auch nicht gekühlt, sondern beheizt. Erst mit sicht- und riechbaren Anzeichen beginnender Fäulnis war auch der Horror des Lebendig-Begraben-Werdens dauerhaft gebannt.

Weil man – verständlicherweise – nicht erst so lange warten wollte, verfügte zum Beispiel die Leichenhalle auf dem alten Südfriedhof in München über eine eigene Rettungsstation für Scheintote, ausstaffiert mit Wachpersonal und diversen medizinischen Gerätschaften, für den Fall, daß eine Wiederbelebung notwendig war.

Außerdem pflegte man die damals schon lange üblichen Vorsichtsmaßnahmen, nämlich die Särge vor Ablauf von zweimal 24 Stunden nicht zu verschließen und die Gesichter der Toten nicht zu bedecken. Es gab Ärzte für die Leichenbeschau, die in der Regel zu Beginn und am Ende der 48-Stunden-Frist vorgenommen wurde. Dennoch ist kein einziger Fall eines Scheintoten überliefert.

Auch nicht, als im Zuge einer Modernisierung 1840 die »Mannhardsche Rettungsglocke« installiert wurde.

Diese war mit Schnüren an Füßen und Händen des Toten verbunden, um jede Regung sofort anzuzeigen. Später kamen sogar Selbstmörder und unbekannte Tote, die separat und in verschlossenen Truhen in der »Totenkammer« lagerten, in den Genuß dieser Erfindung.

Wäre man in Amerika schon so fortschrittlich gewesen wie damals in Deutschland, hätte Poes Held Guy Carrell wohl beruhigt sterben dürfen.

VOM REIZ DES TODES

Wenn es etwas gibt, was uns Menschen essentiell von den anderen Tiergattungen unterscheidet, dann die Tatsache, daß wir unser Dasein im Bewußtsein der eigenen Vergänglichkeit verbringen. Der Schweizer Schriftsteller Max Frisch war der Meinung, daß dieses Bewußtsein ein köstliches Geschenk sei, weil es uns von den Molchen unterscheide und uns überhaupt erst menschlich mache.

Das mag sein, doch für die meisten von uns dürfte der Gedanke an das unvermeidliche Ende wenig tröstlich sein. Der Tod beherrscht unser Denken, manchmal so sehr, daß wir die Molche um ihre Ahnungslosigkeit beneiden. Schließlich verwendet der Mensch ein gut Teil seiner Zeit ausschließlich darauf, die Angst vor dem Tod so weit zu bannen, daß er den alltäglichen Erfordernissen genügen kann. Umgekehrt zieht der Tod uns in seinen Bann, weil wir, solange wir leben, ihn nicht wirklich begreifen.

Um so größer ist der Reiz, die Schwelle des Todes zu betreten, ohne sie zu überschreiten, um den anderen, die nicht so mutig sind, das Jenseits zu beschreiben. Daß das nicht nichts sein kann, liegt auf der Hand, sonst würden nämlich die meisten schier irre werden ob der Bedeutungslosigkeit des eigenen Lebens.

Die Nähe des Todes unmittelbar erfahren haben wollen, einer Studie der Universität Konstanz zufolge, 118 von 2044 befragten Erwachsenen. 82 von den 118 waren gar der Überzeugung, schon gestorben zu sein.

Mutwillig den Tod zu suchen, um ihm wieder von der Schippe zu springen, ist aber immer ein sehr heikles Unterfangen. Um so mehr, wenn man im Ergebnis weder als tot noch als lebendig gelten kann.

Im August 1993 spielte ein 13jähriger Junge in Düsseldorf mit drei Freunden »Erhängen«. Dazu kletterte er auf einen Baum und legte sich die Schlinge eines Nylonseils um den Hals. Der Junge konnte zwar noch rechtzeitig wieder losgeschnitten werden, blieb aber bewußtlos.

Wenn man dies vielleicht noch unter kindlicher Neugier mit fatalen Folgen verbuchen kann, liegt der Fall zweier junger Männer aus Neu-Delhi schon etwas anders. Diese hatten im Dezember 1985 gemeinschaftlich beschlossen herauszufinden, »was für ein Gefühl es ist, zu sterben«, wie die Presse aus ihrem Abschiedsbrief zitiert. Wann die Idee und schließlich der Entschluß zu ihrer Ausführung aufgekommen ist, wird aus den vorliegenden Presseberichten zwar nicht ersichtlich, wohl aber, daß die beiden zuvor noch einen Kinobesuch absolvierten. Gleich im Anschluß daran begaben sie sich in das Geschäft, wo einer der beiden arbeitete, nahmen sich dort jeder ein Seil, um sich wie selbstverständlich einträchtig nebeneinander aufzuhängen.

Fraglich bleibt allerdings, welchen Film sie sich an-
gesehen haben, um einer solchen Tat fähig zu sein.
Flatliners sicher nicht, denn der Film, in dem sich eine
Gruppe junger Medizinstudenten um Julia Roberts und
Kiefer Sutherland wechselseitig in immer längeren
Todesschlaf versetzt, bevor man mit der Reanimation
beginnt, kam erst 1990 in die Kinos. Eher vielleicht
Projekt Brainstorm, den Douglas Trumbull, Kubricks
Mann für Special Effects (*2001 – Odyssee im Weltraum*)
1983 inszeniert hat. Darin gelingt es einem Team von

Wissenschaftlern, den Moment des Sterbens auf Band aufzunehmen und damit für andere beliebig oft erlebbar zu machen. Eine Vision, die sich bis heute zum Glück nicht verwirklicht hat.

Auch Geoff Smith aus Mansfield (England) suchte die Nähe des Todes, ohne jedoch die magische Schwelle überschreiten zu wollen. Als er sich am 29. August 1998 beerdigen ließ, ging es ihm in erster Linie darum, einen neuen Rekord aufzustellen. Dies glaubte er seiner seligen Mutter schuldig zu sein, die ihre persönliche Bestleistung in dieser doch sehr sonderbaren Disziplin des Lebendig-Begraben-Seins 30 Jahre zuvor aufgestellt hatte. Dann aber kam ein Amerikaner daher, dem es gelang, den Rekord von Mama Smith um nicht weniger als 40 Tage zu überbieten. Eine Schmach, die die Mama bis zu ihrem tatsächlichen Tod nicht überwunden hat, wie sich Sohn Geoff mitleidvoll erinnert.

Um nun aber selbst Rekordhalter zu werden, mehr noch, um die Familienehre wiederherzustellen, mußte Smith, der im übrigen arbeitslos war, ein hartes Stück Arbeit hinter sich bringen. 141 Tage im eigenen Grab, das war die Zielvorgabe, die zu überbieten ihm der Yankee hinterlassen hatte.

So stieg nun auch Mister Smith in seine nur 2,10 Meter mal 70 cm messende Grube, die im übrigen vergleichsweise komfortabel ausgestattet war, mit Licht, TV und Toilette. Zudem konnte er durch ein Rohr mit Essen, Büchern und der nötigen Frischluft versorgt werden. Ein Luxus, den die Mehrzahl aller »Grablieger« ja durchaus entbehren muß. Sollte dennoch etwas schiefgehen, hätte Smith nicht nur seine Frau zur Witwe, sondern auch seine drei Kinder zu Waisen gemacht.

Doch am 24. Januar 1999, dem Tag der feierlichen Wiederauferstehung des Geoff Smith, war er ebenso wohlauf wie alle seine Lieben, nur der alte Rekord nicht. So hochgesteckt dieser auch war, es gelang Smith, ihn noch um acht weitere Tage zu überbieten. Insgesamt also 149 Erdumdrehungen unter Tage.

Nur eins wird den siegreichen Sohn wurmen: Die Redaktion des Guinness-Buches der Rekorde lehnt den Eintrag solch gefährlicher Experimente grundsätzlich ab.

REISEN OHNE WIEDERKEHR

Die Reise ist schon immer Ausdruck existentieller Grenzerfahrung gewesen. Wie der Tod eignet sich beides hervorragend zur Unterhaltung und zur Legendenbildung, wie zahlreiche Werke der Literatur und des Films belegen. Insbesondere die Heldengesänge Homers begründen das mittlerweile weitgefächerte Genre einer, salopp ausgedrückt, Abenteuerreise-Literatur, an die Jules Verne viele Jahrhunderte später so meisterhaft anschließen konnte.

Homers Held Odysseus geriet auf seinen langjährigen Irrfahrten immer wieder in lebensbedrohliche Situationen, aber aufgrund seiner besonderen Listigkeit gelang es ihm, zumindest die eigene Haut zu retten. Nachdem er das Bett ein ganzes Jahr mit der Zauberin Kirke geteilt hatte, verschlug es ihn an den Rand des Totenreichs; eine wahrhaft schreckenerregende Fahrt, die er nur mit Kirkes Beistand bewältigen konnte.

Weil er nun schon mal da war, nutzte er die Gelegen-

heit, sich mit den »Schatten« vieler Helden, die er noch aus Troja kannte, zu unterhalten, ebenso mit den »Schatten« schöner Frauen, von denen das Totenreich auch eine ganze Reihe aufzubieten hatte. Weniger erquicklich hingegen war das unerwartete Zusammentreffen mit dem Schatten seiner Mutter Antikleia, die aus Gram über das lange Fortbleiben ihres Sohnes, den sie schließlich tot geglaubt hatte, gestorben war. Und doch hatte Odysseus wiederum auch Glück, denn Teiresias, der blinde Seher aus Theben, sagte vorher, was er auf der langen Heimreise und in seinem von den Freiern Penelopes belagerten Haus und schließlich, nach dem Sieg über die Störenfriede, für den Rest seines Leben noch alles zu erwarten hatte. Das meiste sollte sich bewahrheiten, und Odysseus konnte wieder in die ehelichen Gemächer einziehen und gemeinsam mit Penelope alt werden.

Auch die großen Seefahrer und Entdecker, angefangen vom 15. Jahrhundert bis in unsere Tage, mußten (und müssen) bei ihrem Aufbruch ins Ungewisse immer damit rechnen, das eigene Leben und das ihrer Reisegefährten und Mannschaften aufs Spiel zu setzen. Der Brite James Cook konnte als Captain der »Discovery« u. a. die Entdeckung der Neuen Hebriden,

Neukaledoniens und des Hawaii-Archipels für sich in Anspruch nehmen.

Auf Hawaii war es, wo sein Leben ein Ende fand, als er im Februar 1779 von aufgebrachten Einheimischen ermordet wurde. Das Verhängnis nahm seinen Lauf, als Cook nach einer Schaluppe forschte, dessen Verschwinden er den Hawaiianern anlastete. Sein Auftreten und das seiner Leute hatte eine Reihe mißverständlicher, am Ende tödlicher Auseinandersetzungen zur Folge. Als sich die Nachricht verbreitete, einer der vornehmsten Häuptlinge der Insel sei von den Engländern getötet worden, eskalierte die Situation. Auch Cooks kleiner Trupp wurde von aufgebrachten Insulanern angegriffen, wobei Cook selbst einen von ihnen in vermeintlicher Notwehr erschoß. Doch schon kurz darauf lag er selbst am Boden. Tödlich getroffen, gab es für ihn keine Rettung mehr. Mit Freudengeheul und einem Hagel von Schlägen schleiften die Insulaner seine Leiche den Strand entlang.

Auf Bitten der Engländer, die sich aufs Schiff hatten retten können, wenigstens den Leichnam ihres Befehlshabers ausgeliefert zu bekommen, überbrachten zwei Priester ein Stück Menschenfleisch von etwa neun bis zehn Pfund Gewicht. Alles andere, hieß es, sei gemäß dem Brauch der Hawaiianer verbrannt worden. Ein Anlaß mehr für die reizbaren Engländer, blutige Vergeltung zu üben. Mindestens 25 Tote unter den Insulanern und ein in Schutt und Asche gelegtes Priesterdorf führten schließlich zu neuen Verhandlungen, an deren Ende das, was von Cook noch übrig war, übergeben wurde. Insbesondere seine Hände, davon die eine klar erkennbar an einer breiten Narbe, ebenso der Kopf, allerdings ohne Haar, sowie noch einige andere, nicht näher bezeichnete Teile. Drei Tage später, am 22. Februar 1779, erwies man den Überresten Kapitäns Cooks feierlich die letzte Ehre.

Noch tragischer endete die Franklin-Expedition, die im Mai 1845 mit zwei Schiffen aus der Themse aufbrach, um die Nordwestpassage zu erobern. Das gelang auch, allerdings um den Preis, daß alle 129 Männer dabei ums Leben kamen. Doch keine der insgesamt 25 Suchexpeditionen, bei der abermals Dutzende ihr Leben verloren, konnte den Verbleib Franklins und seiner Männer auch nur annähernd aufklären, geschweige denn die Ursache ihres Scheiterns. Dies sollte erst einem Team von Wissenschaftlern unter Leitung des Anthropologen Owen Beattie Mitte der achtziger Jahre des 20. Jahrhunderts gelingen.

Beattie fand heraus, daß die meisten der Franklin-Expedition einer akuten Bleivergiftung erlegen waren. Dem Ergebnis war eine langwierige Exhumierung der drei Seeleute vorausgegangen, die als einzige der Franklin-Expedition ordnungsgemäß bestattet worden waren und ihr eisiges Grab im Permafrostboden auf Beechey-Island gefunden hatten.

Mühevoll vom Eis befreit und mit warmem Wasser aufgetaut, machte Beattie eine erstaunliche Entdeckung. Die Männer waren dermaßen stark ausgezehrt, daß keinerlei körpereigene Fettreserven mehr vorhanden waren. In den Nägeln wie in den Haaren wurden dagegen enorm hohe Bleikonzentrationen festgestellt.

Tatsächlich hatten beide Schiffe Zehntausende von Konservendosen geladen, in der allzu trügerischen Hoffnung, diese damals noch relativ neue Errungenschaft der modernen Zivilisation würde das Überleben im Polarmeer sichern. Genau das Gegenteil war der Fall, ausgelöst durch die äußerst schlampige Blei-Zinn-Verlötung der Konserven. Mit jeder Mahlzeit besiegelten Franklin und seine Männer ihr schließlich in Wahnsinn und Tod endendes Schicksal.

Nur wenige Monate vor Beatties Entdeckung im Sommer 1986 zeigte sich, daß selbst Exkursionen, die mit teuerster High-Tech abgesichert sind, noch Gefahren bergen. So geschehen im Januar desselben Jahres, als die US-Raumfähre »Challenger« vor den Augen der ganzen Welt explodierte, nur wenige Minuten nach ihrem Start.

Hoch über den Köpfen der entsetzten Anwesenden, darunter der damalige Präsident Ronald Reagan mit Ehefrau Nancy, zerstoben die sieben an Bord befindlichen Astronauten zu Ascheflöckchen und Staub, der wie aus einer Weltraum-Urne auf die Erde rieselte.

AUS DEM TOTENREICH DER ANTIKE

Stolz nimmt der siegreiche römische Feldherr den Jubel des Volkes entgegen. Die aus Gold und Edelsteinen gefertigte Triumphkrone scheint gleichsam über seinem Kopf zu schweben. Gehalten wird sie von einem Sklaven, synchron zu den Bewegungen des Gefeierten, während er dem Triumphator immerfort die mahnenden Worte einzuflüstern hat: »Respice post te, hominem te esse memento!« – »Sieh hinter dich, und bedenke, daß du ein Mensch bist!« Daraus wurde das heute bekannte »Memento mori« – »Bedenke, daß du sterblich bist«.

Todesmahner gibt es zwar heute nicht mehr. Wer aber den Ursprüngen unserer Trauer-, Bestattungs- und Grabkultur nachspürt, wird bald feststellen, daß sie keineswegs eine originäre Erfindung der Christenheit ist. Ähnlich wie bei Mode- oder Musik-Stilarten, die in Abständen fröhliche Revivals erleben, ist auch auf dem Gebiet der Sepulkralkultur alles schon mal dagewesen. So ist das, was wir heute zelebrieren, wenig mehr als eine Variante jahrtausendealter Gebräuche, die bereits in der Antike eine hochkultivierte Angelegenheit waren.

In Sachen Friedhofs- und Bestattungsrecht ist uns von dem athenischen Staatsmann Solon (640–560 v.Chr.) ein Gesetz überliefert, das von der Aufbahrung bis hin zum Grabschmuck und der Größe der Grabstätte so ziemlich alles regelt, was auch heutigen Friedhofsverwaltungen noch hoch und heilig ist. Es war immerhin schon so modern, daß es sich später auch die Römer zum Vorbild nahmen. Heute noch gebräuchliche Verfahrensweisen gehen ebenfalls auf Usancen der alten Griechen zurück. So hat zum Beispiel der Brauch der Leichenwaschung seinen Ursprung in der Annahme, daß der Verstorbene näheren Umgang mit den Göttern haben werde. Das war nur demjenigen vergönnt, der rein an Körper und Seele war.

Das sogenannte Prunkbett diente der Aufbahrung, mehr noch der Zurschaustellung der Leiche, die in ein Hemd aus Purpur gekleidet war. Bei weniger Betuchten war das Totenkleid mit einem Purpursaum versehen. Mit Binden wurden Hände und Füße zusammengehalten, eine Binde um den Kopf hielt den Kiefer geschlossen. Doch hatte man nicht vergessen, dem Toten eine

Münze in den Mund zu legen. Das war das dem Charon zugedachte Fährgeld, der »Obolus«, als Lohn dafür, daß er die Toten sicher über den Styx in das Reich des Hades brachte. Hausrat sollte dazu dienen, die lange Überfahrt zu bestehen: Spielzeug für die Kinder, Accessoires und Schmuck für die Frauen, Waffen für die Männer.

Alsdann machte man sich auf zum letzten Geleit. Trotz aufspielender Flötenbläser sicher nicht sehr andachtsvoll, wenn man sich das inbrünstige Geheul der Klageweiber dazu vorstellt, die dafür bezahlt wurden, sich auf die Brust zu schlagen, die Wangen blutig zu kratzen, mit wildem Gebaren das Haar zu raufen und Asche aufs Haupt zu streuen. Dieser weithin tönende »Lessus« war einer der Gründe für Solon, den schlimmsten Auswüchsen solchen Trauergepränges durch Gesetz Einhalt zu gebieten.

Wie später bei den Römern war es schon damals in gewissen Kreisen in Mode gekommen, gleich mehrere Begräbnisse für ein und denselben Toten abzuhalten. Fast alles, was mit dem Beerdigungsritus einherging, also etwa das Besprengen des Grabhügels mit Wein, Honig und Öl, das Schmücken der Grabsteine mit Bändern und Girlanden, nicht zuletzt das anschließende Leichenmahl, das alles war in einer Weise aus dem Ruder gelaufen, die man nicht mehr nur als anstößig, sondern schon als abstoßend empfand. Nicht nur wegen des enervierenden Geheuls der Klageweiber. Auch die engsten Anverwandten ließen oftmals keine Gelegenheit aus, sich mit großer Geste auf das im Leichenzug mitgeführte Prunkbett zu stürzen, um ihren Toten noch einmal zu umarmen. Hochtrabende Trauerreden boten so manchem Dichter Stoff genug für beißende Satire.

Bei den Griechen wie auch bei den Römern galt nur derjenige als begraben, über den Erde geschüttet war, so daß, wie es bei Cicero heißt, »dem Toten gleichsam das Eingehen in den Schoß seiner Mutter zuteil wurde«. Antigones Bruder Polyneikes war dieses bedeutungsvolle Ritual verwehrt worden, weshalb zwischen ihr und Kreon ein heftiger Streit entbrannte.

Antigone war eine Tochter des Königs Ödipus, der bekanntlich den Vater getötet und die eigene Mutter geehelicht hatte. Jahre später, als ihm das ganze Ausmaß der Schande bewußt wurde, die er – unwissentlich – über sich und die Seinen gebracht hatte, blendete er sich und war bereit, für immer außer Landes zu gehen. Doch Kreon, sein Schwager und zu der Zeit Herrscher über Theben, hielt zu ihm und überredete ihn zu bleiben. Ödipus war aber nurmehr eine Galgenfrist beschieden, denn Polyneikes und Eteokles, seine beiden Söhne, entmachteten ihn. Sie überwarfen sich bald, und ihr Zwist gipfelte in einem Zweikampf, dem sie beide zum Opfer fielen. Kreon, als Freund und Verbündeter dem Eteokles zugetan, übernahm es, diesen mit allen Ehren zu bestatten. Den anderen dagegen, Polyneikes, überließ er der Fäulnis und den Vögeln. Eine Demütigung über den Tod hinaus, mit der er wiederum Antigone gegen sich aufbrachte. Auch mißachtete sie Kreons Bestattungsverbot, indem sie Polyneikes wenigstens eine symbolische Beerdigung angedeihen ließ und drei Hände voll Erde auf ihn warf. Dafür wurde sie von Kreon zum Tode verurteilt. Um sich der Verantwortung zu entziehen, sollte sie, eingemauert bei Wasser und Brot, eines quasi natürlichen Todes sterben.

So weit die Sage. Andere Formen als die der Erdbestattung, wie etwa die zuerst von nomadischen Völkerstämmen praktizierte Leichenverbrennung, konnten sich in Griechenland dagegen nur schwer behaupten. Durch das Einsäen mit Getreide und anderen Bodenfrüchten wurde der Grabhügel wieder entsühnt und den Lebenden zurückgegeben.

Doch schon Solon kritisierte, daß immer häufiger die Gräber zu dem verkamen, was man heute »Kranzabwurfstelle« nennt. Statt nur besprenkelt, wurden sie mit reichlich Wein geradezu getränkt und unter dem Gewicht meterlanger Girlanden schier selbst begraben. Auch die Grabsteine waren dem weisen Athener ein Dorn im Auge. Immer pompöser in ihrer Ausgestaltung, wurden sie auch der Größe nach immer gewaltiger, die darauf verewigten Inschriften immer länger und auch verlogener. Und aus der anschließenden Leichenfeier – gedacht als feierliche Veranstaltung unter dem Vorsitz des Toten – entwickelte sich nicht selten ein tagelanges Gelage, samt den für jede Orgie typischen Begleiterscheinungen.

Bei den Römern gab es zahlreiche Analogien sowohl zu den Begräbnisfeierlichkeiten der Griechen als auch zu den Auswüchsen. Mit der Folge, daß sie das maßgeblich von Solon beeinflußte Bestattungsrecht Mitte des 5. Jahrhunderts v. Chr. in den allgemeinen Gesetzestext der sogenannten »Zwölftafeln« aufnahmen. Zu den römischen Besonderheiten indes zählte die beim Adel weitverbreitete Sitte, an einer besonders exponierten Stelle des Hauses ein Bild des Verstorbenen aufzustellen. Das für gewöhnlich in einem Schrein verwahrte Bild war eine Maske, die um die naturgetreue Nachbildung des Gesichts mit seinen charakteristischen Zügen bemüht war. Zweifellos ein Vorläufer heutiger Totenmasken, mit dem Unterschied, daß die hautfarbenen der Römer ungleich lebendiger wirkten.

Wenn nun jemand gestorben war, wurden die Masken aus ihrem Schrein geholt, um sie auf dem anstehenden Trauerzug mitzuführen. Gleichsam eine Prozession lebender Leichen. Personen, die auch an Größe und Gestalt den Verstorbenen ähnlich waren, trugen sie vor dem Gesicht. Bei der öffentlich auf dem Marktplatz abgehaltenen Leichenfeier gebührte ihnen ein Platz in der ersten Reihe, auf eigens dafür hergestellten Stühlen ganz aus Elfenbein. Nachdem der Redner auf der Tribüne zuerst über den jüngst Verstorbenen gesprochen hatte, richtete er die Aufmerksamkeit auf die direkt vor ihm sitzenden »Leichen«, um auch deren Taten nochmals in Erinnerung zu rufen und zu rühmen.

DER LETZTE TAG IM LEBEN DES SOKRATES

Es ist das Jahr 399 vor unserer Zeitrechnung. Athen ächzt unter dem Regime der von Lysander eingesetzten 30 Tyrannen, die die Feinde der Demokratie und solche, die man dafür hält, zur Räson bringen sollen. Eines ihrer prominentesten Opfer ist Sokrates, einst selbst ein getreuer Staatsdiener und nun ein gelehrter Mann, der sich mit seiner Philosophie viele Feinde gemacht hat. Feinde von Einfluß überdies, und so war es nur eine Frage der Zeit, bis Sokrates sich vor dem berühmtberüchtigten »Volksgericht« zu verantworten hatte.

Die Anklage warf ihm nichts Geringeres als Atheismus vor – der wohl infamste Vorwurf in einer so göttergläubigen Gesellschaft. Hinzu kam, daß ausgerechnet zwei der übel beleumundetsten Persönlichkeiten seine Schüler waren. Der eine, Kritias, war der oberste der Tyrannen, unter dessen Schreckensherrschaft mehr Opfer zu beklagen waren als während des gesamten Peloponnesischen Krieges. Der andere, Alkibiades, war ein skandalumwitterter Feldherr, der mehrmals während des Krieges die Fronten gewechselt hatte, um für sich selbst den größten Vorteil herauszuschlagen.

Es fällt allerdings nicht leicht, sich den bald 71 jährigen Sokrates als Staatsfeind Nummer 1 vorzustellen. Stets freundlich und besonnen, mit einer Neigung zur Korpulenz, sieht er eher wie ein behäbiger Großvater aus. Zudem hat er, der zeit seines Lebens immer nur mündlich unterrichtete, nie eine Schrift verfaßt, schon gar nicht ein Pamphlet wider den Staat. Im Gegenteil, seine große Stärke liegt im dialogisch geführten Diskurs und dem, was er selbst »Hebammenkunst« nannte: Durch geschickte Fragen wird der Schüler zur Selbst- und Welterkenntnis gelenkt, die so gewonnene Einsicht soll ihn befähigen, stets richtig und tugendhaft zu handeln. Vielleicht ist es ja gerade diese in der Unterredung wirksam werdende Überzeugungskraft, die ihn so gefährlich machte.

Als man ihm den Prozeß macht, denkt Sokrates nicht daran, Reue zu zeigen. Selbstbewußt, herausfordernd und sarkastisch bietet er den gut 500 Geschworenen die Stirn, reizt sie mit scharfsinnigen Repliken ebensosehr wie mit seinen Wortklaubereien. Das mehrheitliche Votum: Sokrates soll den Gifttod erleiden.

Am Tag der Urteilsvollstreckung gestattet man ihm, seine Schüler zu empfangen. Er tut es, nicht um Abschied zu nehmen, sondern um in gewohnter Weise philosophische Probleme zu diskutieren. In den letzten Stunden seines Lebens, berichtet uns Platon, ist Sokrates heiter und gelöst, vertritt er doch die Auffassung, daß zwar die leibliche Hülle sterblich sei, nicht aber die Seele. Nach einer Zeit der Wanderung durch die von Hades bewachte Unterwelt wird sie auf der Insel der Seligen landen, um sich der Obhut der Götter anzuvertrauen. Dies wird um so eher geschehen, je reiner die Seele ist, je unbelasteter von allen Einflüssen des Körpers. Daher sei es die vornehmste Pflicht des Philosophen, enthaltsam zu leben. Denn während die reine Seele an ihren eigentlichen Ursprungsort zurückkehrt, sind die anderen dazu verdammt, ewig um die Gräber zu streichen, sofern sie sich nicht an eine ihnen gemäße Tierart binden müssen. Deshalb kann er, Sokrates, sich nichts Besseres wünschen, als bald zu sterben, denn dann wäre es ihm vergönnt, den Göttern nahe zu sein. Mit dieser Ansicht liefert er noch nachträglich den Beweis, daß der Vorwurf der Gottlosigkeit nur ein Vorwand war, ihn vor Gericht zu stellen.

Weil es als schicklich gilt, den Göttern auch äußerlich möglichst rein entgegenzutreten, aber auch, damit die Weiber hernach keine Arbeit mit dem Waschen des Leichnams haben, nimmt er ein letztes Bad. Dann heißt es, von seinen Frauen und den Kindern Abschied zu nehmen – Sokrates ist Vater dreier Söhne.

Nach Einbruch der Dunkelheit ist es Zeit. Der Henker bringt den Giftbecher, der gefüllt ist mit dem reinen Saft des gefleckten Schierlings (Conium maculatum).

Dieser bis heute so genannte Schierlingsbecher war noch bis weit nach Christi Geburt rege in Gebrauch, wenn es darum ging, sich politisch mißliebiger Gegner zu entledigen. Mit Ingredienzien wie Mohnsaft versetzt, wird seine todbringende Wirkung als leicht und angenehm beschrieben – die richtige Dosierung immer vorausgesetzt. Auf der ägäischen Insel Kea, südlich von Athen gelegen, war es Brauch, daß die Alten sich damit das Leben nehmen, um Platz zu schaffen für die Jungen. Minder dosiert, war das sogenannte Schierlingswasser ein gebräuchliches Heil- und Betäubungsmittel. Noch die hl. Hildegard von Bingen wußte um die therapeutischen Kräfte des bis zu 2½ Meter hohen Doldenblütlers.

Sokrates selbst lehnte den Freitod ab. Das Privileg, die Menschen aus dem Diesseits abzuberufen, war allein den Göttern vorbehalten. Als es an der Zeit war, das Urteil zu vollstrecken, sprach er in der Runde seiner Getreuen die Hoffnung aus, daß die Wanderung seiner Seele glücklich verlaufen möge. Feierlich nahm er den Becher mit dem tödlichen Trunk entgegen, setzte an und leerte ihn bis auf den Grund, laut Platon »ganz frisch und unverdrossen«.

In der freudigen Zuversicht, bald in der Gegenwart der Götter zu weilen, aber auch, um die Wirkung des Schierlings noch zu beschleunigen, ging der alte Mann in der Zelle umher. Nicht lange, und er verspürte ein Gefühl der Kälte und der Taubheit die Beine hochsteigen. Typische Begleiterscheinungen einer Schierlingsvergiftung, hervorgerufen durch den Wirkstoff Coniin. Lähmungserscheinungen sind die Folge, schließlich der Atemstillstand. Ein wirksames Gegengift ist bis heute nicht gefunden.

Sokrates, den nahen Tod vor Augen, legte sich nieder und verhüllte sein Haupt, in Erwartung der Erlösung. Auch seine letzten Worte sind uns von Platon überliefert. »O Kiron«, rief er einen seiner Schüler an, »wir sind dem Asklepios noch einen Hahn schuldig.« Eine Anspielung auf den Brauch, einen Hahn zu opfern, wenn man von langer Krankheit genesen ist.

Die Krankheit namens Leben, sie war bald überstanden, kuriert vom Tod, der alle Leiden heilt. Als dies geschehen ist, schließt man ihm Mund und Augen. Thanatos, der Gott der Toten, wird dem Sokrates eine Locke abschneiden, um sie dem Hades zu überbringen. Diejenigen aber, die Sokrates' Tod beweinen, werden sich anderntags das Haupt scheren lassen, zum Zeichen ihrer Trauer.

AUF BIBLISCHE WEISE

Auch das Buch der Bücher, namentlich das Alte Testament, kennt natürlich Selbstmord-Geschichten, die aber nur bedingt mit dem erzwungenen Suizid des Sokrates zu vergleichen sind. Meist erfolgen sie im Zustand äußerster Bedrängnis und werden demzufolge auch nicht verurteilt.

Saul, im Kampf gegen die weit überlegenen Philister, stürzte sich ins Schwert, um einer Gefangennahme zu entgehen, nachdem man bereits Jonathan, Abinadab und Malkischua, seine drei Söhne, erschlagen hatte (Sam 31,4).

Ahitophel, der einflußreiche Berater König Davids, schlug sich auf die Seite des rebellischen Königssohns

Absalom, mußte aber erleben, wie wenig sein Ratschlag dort zählte. Auf beiden Seiten seines Ansehens beraubt, quittierte er den Dienst, begab sich sodann in sein Haus und erhängte sich (2 Sam 17, 23).

Simri, Oberst, der sich durch einen blutigen Putsch selbst an die Stelle des Königs gesetzt hatte, verbrannte sich in seinem Schloß, als das aufgebrachte Volk seine Stadt belagerte (1 Kön 16, 18).

Ptolemäus Macron, Hauptmann von Zypern, der sich für die Rechte der Juden eingesetzt hatte und deswegen seines Amtes enthoben werden sollte, kam dem zuvor, indem er sich vergiftete (2 Makk 10, 13).

Razi, der große alte Mann aus Jerusalem, wurde seiner judenfreundlichen Politik wegen von den Kriegsknechten Ricanors überfallen. Auf der Flucht vor den Häschern stürzte er sich von einer hohen Mauer in den Tod. Dennoch war noch so viel Leben in ihm, daß er sich weiter auf einen Felsen schleppte. Dort entriß er sich selbst das Gedärm und verblutete dann (2 Makk 14, 37-46).

Nicht zu vergessen der Selbstmord des Judas Ischarioth, der Jesus an die Hohenpriester verraten hatte. Mit »Das Letzte Abendmahl« (»L'Ultima cena«), dem soeben mit viel Aufwand und Geld restaurierten Wandbild im Refektorium von Santa Maria delle Grazie in Mailand, hat Leonardo den Moment in Szene gesetzt, da Jesus seinen Jüngern den Verrat offenbart. Judas zu seiner Linken umklammert verstohlen den Beutel, der den danach so benannten »Judaslohn« enthält: 30 Silberlinge, ein auch für damalige Verhältnisse nicht gerade üppiges Blutgeld.

Die Beweggründe des Judas liegen freilich im dunkeln. Entweder war es, weil er den Glauben an Jesus als den Messias verloren hatte, weil er habgierig geworden war oder, was auf dasselbe hinausläuft, weil Satan sich seiner bemächtigt hatte.

Gleichviel, Judas bereute die Tat. Die Hohenpriester aber weigerten sich, das Todesurteil gegen Jesus rückgängig zu machen. Daraufhin warf Judas das Geld in den Tempel, ging hin und erhängte sich.

Obwohl doppelt und dreifach erfolgreich, hatten die Hohenpriester doch Skrupel, das von dem Blute Jesu befleckte Geld wieder in die Lade zu tun. Sie verwendeten es für wohltätige Zwecke und kauften damit den sogenannten »Töpfersacker«, als zukünftige Begräbnisstätte für mittellose Pilger. Seither wird dieses Feldstück der »Blutacker« genannt (Mt 27, 5).

WIE MAN'S AUCH VERSUCHT, TODSICHER IST ES KEINESWEGS

Bei allen Anstrengungen – den gelungenen wie den gescheiterten –, auf die andere Seite zu kommen, dominiert in Deutschland das Erhängen mit einem Anteil von rund 58 %. »Erfolgreich« im Sinne dieser vom Statistischen Bundesamt in Wiesbaden vermeldeten Zahlen, gültig für das Jahr 1997, waren demnach 5099 Personen vorwiegend männlichen Geschlechts, bei 1379 weiteren kam es dabei lediglich zu sog. »Selbstbeschädigungen«.

An zweiter Stelle, aber mit 11,4% schon deutlich geringer, rangiert die Vergiftung mit festen oder flüssigen Stoffen, des weiteren mit im Haushalt verwendeten Gasen oder mit sonstigen Gasen und Dämpfen. 1010 Tote waren daraufhin zu beklagen, 806 weitere überlebten den chemischen Angriff auf das eigene Leben mit teils beträchtlichen Vergiftungserscheinungen.

Durch Feuerwaffen und Explosivstoffe töteten sich 880 Personen (entsprechend einer Quote von rund 10 %), 53 weitere kamen, wenig glimpflich, darf man vermuten, mit dem Leben davon.

Auf sonstige und nicht näher bezeichnete Weise verabschiedeten sich fast ebenso viele, nämlich 829 Personen (rund 9,4 %); die Zahl der »Versager« ist hier mit immerhin 393 angegeben.

Noch krasser als bei denen, die sich selbst vergiften wollen, ist das Mißverhältnis bei jenen, die sich durch Sturz aus der Höhe umzubringen suchten. 593 Personen (6,7%) kamen dabei tatsächlich zu Tode, 455 aber nicht.

Der Freitod unter Zuhilfenahme schneidender oder stechender Gegenstände gelang 258 Personen (2,9%), 88 weitere sahen sich hernach abermals vor die Qual der Wahl gestellt, es noch einmal so oder anders zu probieren.

Mit 1,8% weit abgeschlagen rangiert der Freitod durch Ertrinken, wohl weil sich die Zahl derer, denen das nicht gelingt, und derjenigen, die unten bleiben, im Verhältnis 3:2 ausdrücken läßt. 163 Personen waren danach Wasserleichen, 245 weitere nur durchweicht.

Auch die Spätfolgen all dieser Versuche sind noch erfaßt, ihr Anteil mit 3 Toten beträgt aber lediglich 0,034%. 2 weitere überleben mit nicht näher bezeichneten Beschädigungen an Leib und Seele.

Kunstsinnige Suizid-Kandidaten, die das vermeiden wollen, können bona fide (»guten Glaubens«) auf die vermeintlich tödliche Wirkung von »Selbstmord-Maschinen« vertrauen, wie sie der aus Dresden stammende Künstler Via Lewandowsky baut. Darunter ein mittels Fußschalter von dem Todeskandidaten selbst in Gang zu setzender »Erdrosselungsapparat«, der zwei fest verankerte Stahlseile, die mit dem Bohrfutter einer Schlagbohrmaschine verbunden sind, so lange miteinander verdrellt, bis der Erstickungstod eintritt.

Ebenso simpel wie effektiv ist eine auf dem Boden liegende Konstruktion, bei der man zunächst einen hervorstakenden Eisendorn so voreinstellen kann, daß er sich auf Höhe des eigenen Herzens befindet. Dann muß man nur noch den Mut aufbringen, in die zwei Fußschlaufen zu steigen, um sich mit der vollen Wucht des eigenen Körpergewichts in diesen Dorn zu stürzen.

Sehr viel mehr Charme hat da schon die dritte Installation, die im wesentlichen aus einer Luftmatratze für den Lebensmüden besteht. Darüber befindet sich eine Schräge, die so ausgerichtet ist, daß dem todesmutig Hingestreckten eine Bowling-Kugel aus ca. 3 Metern Höhe mitten ins Gesicht prallt. Ob das im Ergebnis zum gewünschten Exitus oder nur zu einer besonders schmerzhaften Selbstbeschädigung führt, sei dahingestellt.

Schon im März 1998 sorgte die Installation »Des Künstlers Hirn«, ausgestellt im Deutschen Museum zu Bonn, für einiges Aufsehen. Die Gemeinschaftsarbeit, zusammen mit dem Dichter und Büchner-Preisträger Durs Grünbein (*Den Teuren Toten*) entstanden, besteht im wesentlichen aus einem Edelstahlzylinder mit Glassturz. Dieser ist zwar noch leer, aber irgendwann in ferner Zukunft soll er dann der Aufbewahrung und Zurschaustellung des zuvor der Wissenschaft zwecks Präparierung übereigneten Gehirns dienen, um, wie es in dem dazugehörigen Vermächtnis heißt, »Lewandowskys Hirn der Vernichtung zu entziehen«.

Fast hat es den Anschein, als habe der Künstler, obschon erst 36 Jahre jung, sein Thema gefunden. Der aktuelle Ausstellungskatalog trägt denn auch den wunderschön-programmatischen Titel *Komm stirb mit mir*.

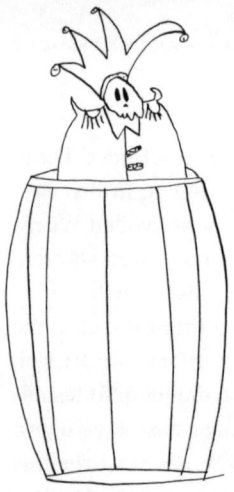

WUNDERLICHES AUS DEM
SHOW-GESCHÄFT

Ein Leichenbestatter fand heraus, daß der amerikanische Jazzmusiker Billy Tipton eine Frau war. Das ist schon insofern bemerkenswert, als Tipton nicht weniger als viermal verheiratet war. Die letzte Verbindung mit Ehefrau Kitty, einer ehemaligen Striptänzerin, hielt immerhin 18 Jahre lang. Das Paar hatte überdies drei Adoptivsöhne, denen Tipton nach übereinstimmender Auskunft »immer ein guter Vater war«.

Die ganz und gar ungewöhnliche Karriere der Dorothy Lucille Tipton begann, als sie 19 Jahre alt war. 1914 in Oklahoma geboren, wollte sie nur eins, nämlich Jazz machen. Das aber war gar nicht so leicht in einer von Männern beherrschten Domäne. Sängerinnen mochten vielleicht gerade noch so durchgehen, sie mußten dann allerdings sehr gut sein und noch besser aussehen. Frauen hingegen, die als Instrumentalisten glänzen wollten, waren schlicht undenkbar. Insofern hätte Tipton gleich doppelt Grund gehabt, sich über diese Art der Diskriminierung zu beschweren, beherrschte sie doch zwei Instrumente, Saxophon und Klavier. Statt sich lange zu ärgern, verkleidete sie sich bei der Bewerbung lieber als Mann – und wurde prompt genommen.

Nachdem diese Maskerade so erfolgreich gewesen war, behielt Tipton auch fürderhin die Hosen an, versteckte die Brüste unter breiten Bandagen und nannte sich fortan Billy. Nach dem Vater, der aber von diesem Spiel, mit der Kleidung auch die Identität zu wechseln – im Amerikanischen Cross dressing genannt –, wohl nicht begeistert war. Billy indes trug zeitweilig sogar einen kleinen Schnurrbart, um die Verkleidung noch glaubhafter zu machen.

In den immerhin 55 Jahren ihrer/seiner Laufbahn spielte Tipton u.a. bei dem Posaunisten Jack »BigT.« Teagarden sowie in der Band von Russ Carlyle. Zeitweilig hatte Tipton auch eine eigene Band, das Billy Tipton Trio. Wenn es Tipton je vergönnt war, eine eigene Platte aufzunehmen, sind diese Aufnahmen heute kaum noch zu finden. Und die alten Scheiben der beiden Jazz-Größen Teagarden und Carlyle zeichnen sich vor allem dadurch aus, daß die Begleitmusiker längst nicht immer vollzählig aufgelistet sind.

Wie aber konnte diese Frau andere Frauen, mit denen sie immerhin intim war, so lange hinters Licht führen? Regel Nummer 1 war die, Sex nur dann zuzulassen, wenn es dunkel war. Regel Nummer 2 verlangte von den Frauen, ihn an bestimmten Stellen nicht zu berühren oder gar anzufassen. Regel Nummer 3 bestand nämlich darin, die Frauen glauben zu machen, daß sein Genital unfallbedingt beschädigt und deshalb nicht schön anzusehen war. Demnach war auch seine angebliche Unfruchtbarkeit auf eben diesen Unfall zurückzuführen. Non Earl, Betty, Maryann und Kitty glaubten »ihm« diese von einem Suspensorium gestützte Illusion und fanden wohl auch nichts dabei, wenn ein Dildo sehr diskret zum Einsatz kam. So waren denn auch nicht etwa Unstimmigkeiten beim Sex der Scheidungsgrund als vielmehr das ruhelose Reise- und Wanderleben des Musikers.

Tipton verschied am 21. Januar 1989, in den Armen eines seiner drei ahnungslosen Adoptivsöhne. Erst der Leichenbestatter sollte sie darüber aufklären, daß der Mann, der ihnen so viele Jahre lang ein ebenso liebevoller wie treusorgender Daddy war, in Wahrheit eine Frau mit, wie es hieß, »ganz normalen weiblichen Geschlechtsmerkmalen« war.

LEICHEN-SHOW FÜR ALLE

Am 25. Februar 1994 startete in Dänemark einer der wenigen dänischen Kinofilme, der binnen kürzester Frist alle Kassenrekorde brach und dann auch in Deutschland der Überraschungserfolg des Jahres war. Zu Recht, denn *Nattevagten* (dt. Titel *Die Nachtwache*) ist ein intelligent gemachter Horrorfilm, der die gruseligen Erlebnisse eines Jurastudenten in einem Leichenschauhaus schildert. Horrend war auch die kostenlose Zusatzpromotion, die wohl nicht wenig zum Mega-Erfolg des Films beigetragen hat, zumindest in Dänemark.

Keine drei Wochen vor dem Kinostart wurde nämlich bekannt, daß der Labormeister des gerichtsmedizinischen Instituts in Kopenhagen, Bjarne H., nächtliche Leichenschauen vor zahlendem Publikum organisiert hatte. Gegen Eintritt von 12,50 Mark pro Person konnten die im Institut aufbewahrten Leichen besichtigt, fotografiert und manchmal sogar »befühlt« werden. Die Mordkommission der Kopenhagener Polizei ermittelte in dem Zusammenhang auch gegen den Gerichtsmediziner Preben G. Dieser stellte die ihm zur Last gelegten Vorwürfe erst gar nicht in Abrede, verwies aber darauf, daß er Vorträge und Führungen nur für solche Personen abgehalten habe, die ein berufsmäßiges Interesse an Leichen haben konnten, nämlich Rettungshelfer, Feuerwehrleute und Krankenschwestern.

Wie nun Jan Köpke, ein Abgeordneter der Fortschrittspartei, gegenüber der Tageszeitung *Extrabladet* bekundete, sei dies die widerlichste und unheimlichste Angelegenheit im öffentlichen Gesundheitssektor gewesen, von der er je gehört habe. Dänische Mediziner hingegen äußerten die Befürchtung, die aufgedeckten Vorkommnisse könnten dazu führen, daß eine wachsende Zahl derjenigen, die ihren Körper für wissenschaftliche Forschungszwecke zur Verfügung stellen wollten, ihr Einverständnis wieder zurückziehen würden. Wer läßt sich auch schon gerne ausstellen, zumal, wenn er sich nicht mehr dagegen verwahren kann …

Wenn schon Leichen-Show, dann aber richtig, wird sich vielleicht der Anatom Gunther von Hagens gedacht haben, als er Ende Oktober 1997 im Mannheimer Landesmuseum für Technik und Arbeit die Ausstellung »Körperwelten« eröffnete. Von Hagens hat die »Dauerkonserve Mensch« um eine besondere Form des Einbalsamierens bereichert, die sogenannte Plastination.

In einem technisch aufwendigen Verfahren wird dem Gewebe unter Vakuum alles Wasser entzogen und durch einen leicht härtenden Kunststoff ersetzt. Die Folge: Die Präparate sehen aus wie wächserne Anatomiemodelle und sind wie diese absolut geruchsneutral.

Nun waren und sind konservierte Leichen immer schon ein Faszinosum, weswegen die kunstfertig mumifizierten Körper der Pharaonen, die lebensecht erhaltenen Moorleichen oder der seit über 5000 Jahren auf Eis lagernde Kadaver des Wanderhirten aus dem Ötztal zu den sicheren Publikumsmagneten völkerkundlicher Sammlungen gehören. Das Neue an von Hagens Leichen-Show ist, daß seine Präparate, egal, ob in Teilen oder als Ganzes, von »echten Menschen« stammen. Vor allem aber ist es die spektakuläre Art ihrer Inszenierung, die so manchen wohlig schaudern läßt.

Zugegeben, Raucherlunge, Schrumpfleber oder das von einem Infarkt verunstaltete Herz sind noch vergleichsweise leichte Kost, da man ähnliches vielleicht schon aus dem TV-Dauerrenner »Gesundheitsmagazin Praxis« oder dem gallegrünen »Pschyrembel« kennt. Doch spätestens beim Anblick hautloser Leichen, die ihre eigene Hülle präsentieren wie ein abgelegtes Kleidungsstück, oder des scheibchenweise zerlegten Körpers eines Plastinierten fühlt man sich an die anatomischen Kabinette erinnert, wie sie noch zu Zeiten eines Marquis de Sade gang und gäbe waren.

»Eine grobe Geschmacklosigkeit«, klagten sowohl die evangelische als auch die katholische Kirche in einem gemeinsam verfaßten Schreiben an Baden-Württembergs Ministerpräsident Erwin Teufel. Die Schau verletze die Menschenwürde, da die toten Menschen in ihr

»zu Ausstellungsstücken degradiert und das neugierige Betrachten zu einem Kulturereignis stilisiert« würden.

»Das Plastinat ist eine neue Form postmortaler menschlicher Existenz«, hält von Hagens seinen Kritikern entgegen. Deswegen zeige die Schau nicht einfach nur Leichen, sondern Objekte zur Aufklärung anatomischer Sachverhalte, die in ihrer Darbietung den Charakter eines Kunstwerks bekommen. Überhaupt sieht sich der aus der ehemaligen DDR stammende Anatom gern als »Aufklärer des Laien«, weswegen er nach dem Riesenerfolg des »Körperwelten«-Spektakels in Mannheim – 778 087 Besucher bei 12 Mark Eintritt p. P. – als nächstes ein »Menschenmuseum« zu eröffnen plant. Also noch mehr Plastinate als die bisher schon 200 gezeigten, versammelt in einer Art Dauerausstellung. In der Folgeausstellung in Wien war jedenfalls schon ein gänzlich mit Gold bestäubtes Plastinat zu sehen sowie ein »Schubladen-Mensch« im Stil Salvador Dalis.

Man ahnt es schon, von Hagens wäre wohl gern Künstler geworden. Und wie Joseph Beuys, der mit

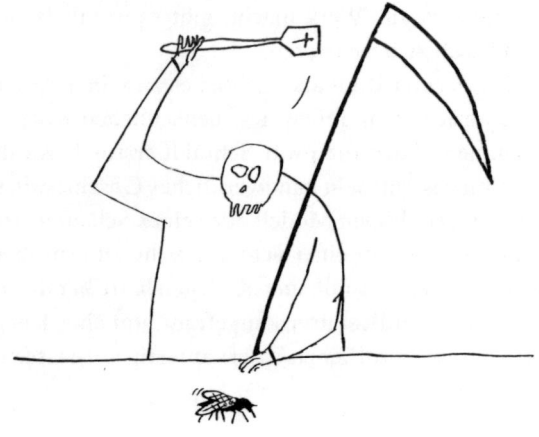

einst so provokanten Thesen wie »Alles ist Kunst« und »Jeder ist ein Künstler« Furore gemacht hat, sieht man ihn nie ohne Hut. Doch wie dieser, ein etwas zu groß geratener Borsalino, wirkt auch von Hagens Bemühen, die Kunstfertigkeit der Natur mit immer neuen Gimmicks zu übertrumpfen, eher großspurig als überzeugend. Zwar »gehört die Anatomie, die jedem Menschen nützlich ist, zum unerläßlichen Gepäck eines kultivierten Mannes«, schreibt Philippe Ariès, Autor der *Geschichte des Todes*. Nicht aber, möchte man hinzufügen, eine derart überzogene Inszenierung.

DEM TOD EIN GESICHT GEBEN

Gustave Flaubert, der französische Schriftsteller, war entsetzt über die ungeschlachte Art und Weise, mit der die Bestatter seiner geliebten Schwester Caroline die Totenmaske abnahmen. »Ich sah mit an, wie die großen Pfoten dieser Grobiane sie anfaßten und ihr Gesicht mit Gips zudeckten.« Wenn dagegen Holger Schmidt sich ans Werk macht, gibt es gewiß keinen Grund, sich zu beschweren.

Als gelernter Bildhauer gehört es zu seiner Arbeit, Gipsabdrücke von Teilen des menschlichen Körpers zu nehmen. Doch 1984 war Schmidt erstmals vor die Situation gestellt, sein handwerkliches Geschick nicht an einem geduldigen Modell oder einer Schaufensterpuppe, sondern an einer echten Leiche zu erproben. Die Tochter eines Bildhauer-Kollegen hatte bereits bei Dutzenden von Bestattern angefragt, um eine Totenmaske ihres verstorbenen Vaters anfertigen zu lassen –

immer vergebens. Schließlich war sie auf die Idee gekommen, einen Bildhauer darum zu bitten.

Holger Schmidt war anfangs hin- und hergerissen. Erfahrungen im Umgang mit Toten hatte er bis dahin keine. Aber es reizte ihn, sein eigenes kunsthandwerkliches Geschick zu verfeinern, für das er die Alten Meister so bewundert. Andererseits hatte er die nicht geringe Angst, er könne das Gesicht des Toten aufgrund seiner Unerfahrenheit verunstalten. Diese Angst steigerte sich noch, als der Tote dann schön hergerichtet vor ihm lag, im weißen Ausgeh-Anzug, akkurat frisiert und mit blankgeputzten Schuhen.

Daß es dennoch eine gute Sache wurde, wie er heute sagt, und die Maske eine »schöne Arbeit«, lag vor allem an der Tochter, die von Anfang an mit dabei war und kleinere Handreichungen erledigte. Und während Schmidt an ihrem Vater arbeitete, wie man das wohl nennt, fing sie an zu erzählen, wie er gewesen war und welche Art Verhältnis sie miteinander verband. Trauerarbeit, könnte man sagen, so begann sie, »den Schock des Todes« zu verarbeiten.

Eine Erfahrung, die er seitdem schon häufig gemacht hat beim Fertigen einer Maske. Wie überhaupt die Maske ganz rasch das zentrale Objekt für die Hinterbliebenen wird, wenn es darum geht, die Absolutheit des Todes besser zu begreifen. Das Faszinierende an einer Totenmaske erschließt sich gerade aus dieser Doppeldeutigkeit, daß man sie immer wieder anfassen, die Züge des Verstorbenen immer wieder nachzeichnen will, während man vielleicht stumme Zwiesprache mit ihm hält.

Waren die ersten Abdrücke noch klassisch aus Gips, arbeitet Schmidt heute mit einer eigens hergestellten

Mischung verschiedener Silikonsorten, wie man sie in der Elektroindustrie verwendet. Diese wird in einer dünnen Schicht auf das Gesicht aufgetragen, einschließlich der Ohren. Die sind für Schmidt nämlich genauso unverwechselbar wie andere Teile eines Gesichts, deswegen schließt er sie beim Erstabdruck immer mit ein, selbst wenn die meisten Masken heutzutage »ohrlos« gewünscht werden.

Nach dem Trocknen wird die Maske in einem Stück vom Gesicht gezogen, vergleichbar dem Peeling einer Schönheitsmaske. Die Detailgenauigkeit des so gewonnenen Negativs übertrifft die von Gips bei weitem, und auch die Oberflächentextur des Gesichts bleibt naturgetreu erhalten. »Man erkennt jede Pore«, erklärt Schmidt den Unterschied. Und noch einen Unterschied gibt es. Ältere Masken aus Gips, wie etwa die von Reichspräsident Friedrich Ebert († 1925), haben in der Mitte oft eine Gießnaht, weil man sie noch im halbtrockenen Zustand teilen mußte. Nur so blieb nämlich auch der Abdruck der Ohren erhalten.

Mit der Gesichtsmaske aus Silikon kehrt der Bildhauer dann ins Atelier zurück. Dort wird je nach Kundenwunsch ein Positiv aus Gips erstellt, wahlweise auch aus Bronze. Das Finish wird sehr behutsam ausgeführt, um das Abbild des Toten nicht nachträglich noch aufzuhübschen. Zur Abholung bereit, lagert der Abdruck auf einem Postament, so daß es leichter fällt, sich der Maske mit Respekt zu nähern. Die meisten tun das auch, indem sie sie erst mal von allen Seiten und aus einer gewissen Distanz betrachten. Eine Gipsmaske wird übrigens mit ca. 1500 Mark veranschlagt, eine aus Bronze liegt bei etwa 3500 Mark. Mit

Einverständnis der Angehörigen behält Schmidt immer auch ein Duplikat für sich.

Mehr als 80 Masken sind auf diese Weise schon zusammengekommen. Vom 16jährigen Mädchen bis hin zum Greis, der mit 92 das Zeitliche gesegnet hat, ist so ziemlich jede Altersstufe vertreten. Prominente Gesichter übrigens auch. So hat Schmidt bei Kardinal Joseph Höffner, dem 1987 verstorbenen Vorsitzenden der Deutschen Bischofskonferenz, ebenso behutsam Hand angelegt wie später beim selbsternannten »König von Deutschland« und Ex-Frontmann der Deutschrock-Formation Ton Steine Scherben, Rio Reiser. Interessenten und solche, die gar daran denken, Schmidts Dienste in Anspruch zu nehmen, finden alles weitere im Internet: www.totenmasken.de.

Und was Flaubert betrifft, genügte ihm die von grober Hand gefertigte Totenmaske seiner Schwester durchaus als Vorlage für eine Büste, die bis zu seinem eigenen Tod im Jahre 1880 in seinem Arbeitszimmer thronte.

MODISCHER ABGANG

Das Letzte Hemd hat bekanntlich keine Taschen. Wohl aber altmodische Rüschen, und genau das ist es, was unbedingt geändert werden muß, wenn es nach Afra Banach geht. Die junge Modedesignerin aus Dortmund hat eine ganze Kollektion von Totenhemden kreiert, die sich bewußt abhebt von der althergebrachten Bestattungsmode. Die ist nämlich weder modisch noch besonders elegant, moniert Frau Banach. Das gängige Totenhemd für Frauen etwa sei von altbackenen Damenblusen kaum zu unterscheiden. Und was das bevorzugte Modell für Herren betrifft, erinnere das eher an die steifleinernen Festtagshemden früherer Tage. Nichts gegen konfektionierte »Bestattungswäsche«, doch das meiste sei einfach nur lieblos zusammengeschneidert, ohne Gespür für menschliche Körperformen.

Die Stücke ihrer Kollektion hingegen sind in liebevoller Handarbeit entstanden und tragen so klingende Namen wie »Stern«, »Gespinst« oder »Totenschiff«.

Allein 20 Arbeitsstunden hat es gedauert, das Modell »Blütenblätter« zu erstellen: Als Symbol für die Vergänglichkeit zieren Dutzende von Blüten ein bodenlanges Leinenhemd, das vom Zuschnitt her an ein Priestergewand erinnern mag. Ein anderes Modell, »Gespinst« benannt, trägt Hunderte von Hand aufgenähte Baumwollfäden, wahlweise in blau oder lachsfarben.

Die Stoffe selbst, ob nun aus Leinen, Wolle oder Seide, sind allesamt weiß, in der christlichen Vorstellung die Farbe des Lichts, der Unschuld und der Herrlichkeit. Das weiße Totenhemd, erläutert Frau Banach, stellt eine symbolische Verbindung her zum Taufkleid; mithin ein Verweis auf den ewigen Kreislauf aus Werden und Sterben.

Auch die Kreationen von Frau Banach sind nicht für die Ewigkeit gedacht. Sie sind sogar zu 100 Prozent biologisch abbaubar, so daß nach längstens 20 Jahren nichts mehr davon übrig ist. Und bei der Kremierung machen die von ihr verwendeten Naturfasern und -materialien ebenfalls keine Probleme. Die strikte »Kleiderordnung«, die auf vielen Friedhöfen hinsichtlich ihrer Zersetzbarkeit herrscht, erfüllt sie jedenfalls mühelos.

Das alles hat einen – freilich angemessenen – Preis,

zumal die Leichenhemden lang genug sind, um bei einer offenen Aufbahrung die Füße darin einzuschlagen. Zwischen 300 und 650 Mark kosten die Modelle, die dann allerdings auch ganz auf das individuelle Körpermaß abgestimmt sind. Denn eigentlich möchte Frau Banach insbesondere die erreichen, die sich noch zu Lebzeiten ihr letztes Hemd selbst aussuchen. Reinschlüpfen und sich wohlfühlen, weiß sie doch, daß sich manche ihrer Kunden das Hemd zu Hause schon mal überstreifen, um auf diese Weise ein Gefühl zu bekommen für die lange Zeit der ewigen Ruhe.

Der Tragekomfort muß nachgerade himmlisch sein, denn auf die Frage, wieviel Reklamationen sie deswegen schon gehabt hat, antwortet Frau Banach ohne zu zögern: Keine.

FUNERAL TOP TEN

Es gibt sie fast kaum noch, jene Musiker, die im Zuge der feierlichen Aussegnung gefühlvoll in die Tasten greifen. Dabei waren die verbliebenen Organisten längst nicht immer auf sich allein gestellt. Noch vor zwanzig Jahren gab es vielerorts auch Geiger und Cellisten, Trompeter und Waldhornbläser, um den letzten Gang etwa mit dem Largo aus Friedrich Smetanas »Moldau« würdig zu untermalen. Und das »Ave Maria« war ohne den Einsatz von Sängerinnen und Sängern einfach nicht denkbar. Doch sind es längst nicht mehr nur Choräle von Beethoven und Bach, die durchs Kirchenschiff hallen. Mindestens ebenso häufig sind nun auch Ohrwürmer wie »Lili Marleen« oder »I'm sailing«

von Rod Stewart zu hören, manchmal auch »Spiel mir das Lied vom Tod« aus dem gleichnamigen Film oder gar Hard-Rock-Nummern wie »Highway to Hell« von AC/DC. Und wann immer Volkstümliches wie »Sag' zum Abschied leise Servus« oder eher was Folkloristisches wie das »Böhmerwaldlied« gewünscht ist – der Einsatz moderner Technik macht es möglich.

In seiner Ausgabe vom Februar 1998 hat das in England erscheinende »Funeral Service Journal« eine Hit-Liste der am häufigsten für eine Trauerfeier gewünschten Titel veröffentlicht.

1. *Candle in the Wind* – Elton John
2. *Simply the Best* – Tina Turner
3. *My Way* – Frank Sinatra
4. *Knocking on Heaven's Door* – Bob Dylan
5. *Every Breath You Take* – The Police
6. *Always Look on the Bright Side of Life* – Monthy Python
7. *Stairway to Heaven* – Led Zeppelin
8. *Always on My Mind* – Elvis Presley
9. *Tears on Heaven* – Eric Clapton
10. *Seasons in the Sun* – Terry Jacks

»Candle in the Wind« also unangefochten Nummer 1, und das gewiß nicht nur in England. Keineswegs überraschend im Jahre Eins nach dem tragischen Unfalltod von Lady Di. Die ganze Welt hat zugeschaut bei dieser Beerdigung, am 6. September 1997. Die ganze Welt hat mit ihrem Exgemahl Prinz Charles getrauert und die nun mutterlosen Kinder William und Henry bedauert, als sie die königliche Lafette, darin die sterblichen Überreste der Prinzessin von Wales, zur Aussegnungsfeier im Buckingham Palace geleiteten. So gewiß die grazile und immer etwas scheue Diana in die Annalen des abgelaufenen Jahrhunderts eingehen wird, so sicher wird ihre ungeheure Popularität wohl auch noch die nächsten 100 Jahre überdauern.

Der Prinz und die Tänzerin, die mit der ganzen Welt ein Verhältnis hat – diese Kombination hat es schon einmal gegeben. Der Prinz hieß einmal Joe DiMaggio, ein Superstar in der Sparte American Baseball, lange bevor und noch lange nachdem diese Rolle mit dem Schriftsteller Arthur Miller besetzt war. Die Tänzerin, das war und wird immer die unvergleichliche und unvergeßliche Marilyn Monroe sein, geborene Norma Jean Mortenson und einst ein armes Waisenkind, die irgendwann in der Nacht vom 4. auf den 5. August 1962 unter nie ganz geklärten Umständen ums Leben kam.

Marilyn lebt, und Joe, das treue Herz, schickte ihr unverdrossen jede Woche einen Strauß Blumen ans Grab, bis zu seinem eigenen Tod am 8. März 1999. Seine Trauer war gleichsam unser aller Trauer, währte sie doch länger als sein eigenes Leben.

Die Totenrede an ihrem Grab auf dem Westwood Park Memorial Friedhof westlich von Hollywood hielt der Method-Acting-Oberlehrer Lee Strasberg: »Andere waren von genauso großer Schönheit wie sie, doch war in ihr etwas mehr, etwas, das die Menschen sahen, in ihren Leistungen erkannten und womit sie sich identifizierten. Sie hatte etwas Leuchtendes – eine Verbindung von etwas wehmütig Gedankenverlorenem, etwas Strahlendem und Verlangendem –, das sie so einmalig machte, das bewirkte, daß jeder wünschte, ein Teil davon zu sein und teilzuhaben an dieser kindlichen

Einfalt, die etwas so Scheues hatte und doch zugleich etwas so Lebenssprühendes.«

Zwölf Jahre später, im März 1974, veröffentlichte ausgerechnet der britische Popsänger Elton John, der Exzentriker par excellence, eine gefühlvolle Ballade auf diese schon oft besungene Frau: »Candle in the Wind«. Die Single brachte es im Vereinigten Königreich zwar nur auf Platz 11 der Charts, in Amerika aber landete sie binnen kurzem auf Platz 1.

Vielleicht war es ja die von dem Pulitzer-Preisträger Norman Mailer kurz zuvor veröffentlichte »Roman-Autobiographie« über Marilyn Monroe, die Elton Johns Haus-und-Hof-Dichter Bernie Taupin veranlaßt hatte, diesen Song zu schreiben. Dies wohl weniger aufgrund der vielen Spekulationen über ihren Tod, die auch Mailer sich nicht enthalten konnte anzustellen – tatsächlich forderte er die *Presse* auf, eine gerichtliche Leichenschau zur Feststellung der von ihm vehement in Frage gestellten Todesursache zu fordern. Taupin mag von Mailers Bemühen angerührt gewesen sein, die Welt mit ihren, Marilyns, Augen zu sehen und ihren eigenen Empfindungen nachzuspüren. Ein nicht immer geglückter Versuch, doch immerhin gelingt es ihm, der Monroe einen Teil ihrer menschlichen Würde zu geben.

Weitere 23 Jahre später war es wiederum Bernie Taupin, der die melancholisch grundierte Liebeserklärung an die Frau, die einst ihr Leben lebte »wie eine Kerze im Wind«, umdichtete zu einem Requiem für die Frau, die mindestens ebenso wehmütig gedankenverloren, ebenso strahlend und verlangend war wie Marilyn: Lady Di.

Die Beerdigung war ein globaler Event, und nicht mehr nur Millionen, sondern Milliarden haben mit den Tränen gekämpft, als der gar nicht mehr so exzentrische Elton John dem Abschiedsschmerz der ganzen Welt einen durchaus der Zeit angemessenen Ausdruck gab, dem des längst domestizierten Pop nämlich – live and unplugged.

Und bei aller Pietät, die man den beiden Künstlern gerne zugute hält: Für Bernie Taupin, mehr noch für Elton John dürfte sich dieses Hit-Recycling gewiß mehr als gelohnt haben: »Goodbye, England's Rose« ist die meistverkaufte Hitsingle aller Zeiten.

STAATSAKTE MIT MUSIK

Wenn es hierzulande so etwas wie einen Master of ceremonies geben sollte, einen Zeremonienmeister, der für die reibungslose Abwicklung von Diplomatenempfängen und Staatsbanketten ebenso die Verantwortung trägt wie für Staatsakte, dann sicher nicht für die dabei gespielte Trauermusik. Dafür, vermeldet das Bundespresseamt, gibt es weder verbindliche Richtlinien noch festgeschriebene Regularien; die Auswahl überläßt man in der Regel den Angehörigen. Und diese kommen meist darin überein, noch einmal die musikalischen Vorlieben des Verstorbenen zu Gehör zu bringen. Hier einige Beispiele:

Franz Josef Strauß (bayerischer Ministerpräsident; †1988): Der Ouvertüre aus dem Trauerspiel »Coriolan« von Ludwig van Beethoven folgte das »Requiem« von Wolfgang Amadeus Mozart (Bayerisches Staatsorchester unter Begleitung des Chors der Bayerischen Staatsoper).

Detlev Karsten Rohwedder (Chef der Treuhand; †1991): von Johann Sebastian Bach das Adagio aus den »Brandenburgischen Konzerten« Nr. 1 und Nr. 6 und der 3. Satz der 9. Sinfonie Ludwig van Beethovens (Staatskapelle Berlin unter Leitung von Daniel Barenboim).

Willy Brandt (Altbundeskanzler und Friedensnobelpreisträger; †1992): während des Staatsaktes Franz Schuberts unvollendet gebliebene 7. Sinfonie (Berliner Philharmoniker unter Leitung von Claudio Abbado), anschließend ein militärisches Zeremoniell mit Abspielen der Nationalhymne, derweil eine Gruppe unter den rund 7000 Zuschauern sehr vernehmlich die »Internationale« sang. Die Zeremonie endete auf Wunsch der Witwe Brigitte Seebacher-Brandt mit dem Lied »Ich hatt' einen Kameraden«.

101 Tote, Opfer des Zugunglücks in Eschede (†1998): Dem Läuten der Sterbeglocke folgte der 1. Satz aus Johannes Brahms' »Ein deutsches Requiem«, dann als gemeinsames Lied die von Paul Eber eingedeutschte Version von »In Tenebris Nostrae« von Joachim Camerarius, mit der Musik von Johann Baptista Serranus. Nach dem Eingangsgebet der 3. Satz aus dem vorerwähnten Requiem von Johannes Brahms, sodann eine Choralphantasie über »Allein zu dir, Herr Jesu Christ« von Johann Pachelbel. Wieder ein gemeinsames Lied, diesmal »Befiehl du deine Wege« von Bartholomäus Gesius, getextet von Paul Gerhardt. Abschluß der Gedenkfeier mit dem 7. Satz aus dem Requiem von Brahms (Knesebecker Bläserkreis unter Leitung von Heinrich Gades sowie Celler Stadtkantorei und Sinfonieorchester des NDR unter Leitung von Kord Michaelis).

August Everding (bayerischer Staatsintendant; † 1999): Eröffnung mit dem Adagio aus der 8. Sinfonie von Anton Bruckner, gefolgt von dem Lacrimosa aus dem Requiem KV 626 von Wolfgang A. Mozart. Zum Ausklang der Trauerfeier »Seelig sind die Toten, die in dem Herrn sterben von nun an«, aus dem »Deutschen Requiem« op. 45 von Johannes Brahms.

FRIEDRICH RÜCKERT: KINDERLIEDER FÜR DAS SÜSSE JENSEITS

Wenn ein Kind stirbt, wird das immer als besonders schmerzlich empfunden, einfach schon deshalb, weil es nicht recht ist, wenn die Generationenfolge jählings unterbrochen wird. Sind die Hoffnungen dahin, zerstört durch Unfall, Krankheit, vielleicht sogar durch ein Verbrechen, bleiben nur noch Wut und Verzweiflung, die Trauer und die Schuldgefühle über das eigene Versagen. Die Eltern toter Kinder bleiben immer noch Eltern, das ist das Schreckliche daran.

Doch wie weiterleben, wenn einem ein Kind gestorben ist? Der aus Armenien stammende Regisseur Atom Egoyan (*Der Schätzer*, *Exotica*), unlängst selbst erst Vater geworden, hat diesen stets drohenden Verlust zum Thema eines ebenso bewegenden wie beklemmenden Films gemacht. In *The Sweet Hereafter* (dt. *Das Süße Jenseits*) verunglückt der Schulbus, nachdem er wie jeden Morgen die Kinder einer kleinen Ortschaft in der kanadischen Provinz eingesammelt hat. Die meisten ertrinken, als der Bus die Eisdecke eines zugefrorenen Sees durchbricht. Ein Anwalt, der selbst mit zermürbenden familiären Schwierigkeiten zu kämpfen hat, versucht alles, die nun kinderlosen Eltern dahin zu bringen, einer Schadenersatzklage in Millionenhöhe zuzustimmen. Doch Geld ist so ziemlich das letzte, was Leute interessiert, die ihrer Zukunft beraubt worden sind.

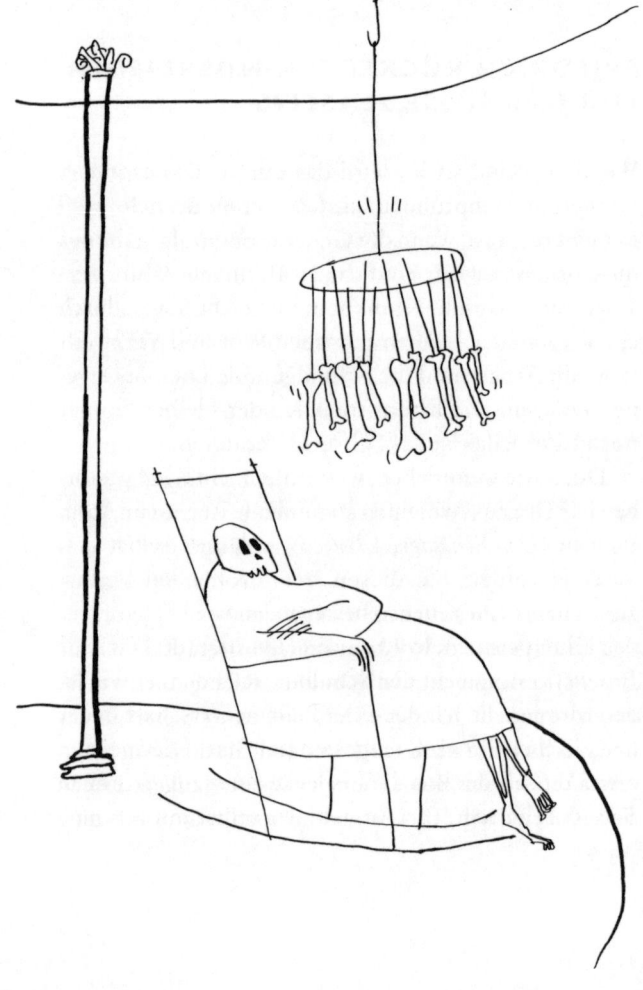

Soweit die Fiktion. Real war dagegen der Verlust, den der Orientalist, Dichter und Übersetzer Friedrich Rückert (1788–1866) erlitt. Um die Jahreswende 1833/34 wütete in Erlangen ein hochinfektiöses Scharlachfieber, dem alle fünf Kinder der Rückerts anheimfielen. Zwei starben im Abstand von weniger als drei Wochen. Zuerst Luise, mit 3½ Jahren die Jüngste, dann Ernst, ihr um zwei Jahre älterer Bruder. Ausgerechnet seine beiden »liebsten und schönsten«, ein unzertrennlich einander zugetanes Geschwisterpaar, gleichsam »Messerchen und Gäbelchen«, wie Rückert sie kosend gern nannte.

Tödlich verlaufende Kinderkrankheiten waren damals eher die Regel, aber Rückert hat so unsäglich gelitten unter dem Verlust, daß er seine Trauer herausschreiben mußte, wie andere sie herausschreien. Rückert tat, was er schon immer getan hatte, er dichtete. Nur war es diesmal ein geradezu manisches Bestreben, seinem Schmerz und seiner Trauer, seiner Ohnmacht und manchmal auch seiner Wut immer neuen Ausdruck zu verleihen, ein verbissenes Hadern und Sich-Streiten mit dem Unbegreiflichen, Unabänderlichen. Immer im Blick die Bildnisse seiner beiden Lieblinge, nur ein Vierteljahr vor ihrem Tod entstanden, entrang er sich bis zu vier Gedichte am Tag, bis er, wie er schrieb, »eine unsägliche Masse von Todtenliedern« beisammen hatte; wohl gut 500 Stück wurden es.

Danach sollte es wohl gut sein, denn Rückert hat all diese Grablieder für »die beiden Kleingebliebenen« unveröffentlicht gelassen. Daß sie dennoch erschienen sind, sechs Jahre nach Rückerts Tod, ist dem Nachlaßverwalter, seinem Sohn Heinrich, zu verdanken. Trotzdem ist Friedrich Rückert, mehr noch sein poetisches

Schaffen, nahezu in Vergessenheit geraten. Ein bescheidener Eintrag in lexikalischen Nachschlagewerken, da und dort in Anthologien eines seiner Gedichte, mehr ist nicht geblieben.

In der ganzen Welt berühmt geworden sind jedoch seine »Kindertodtenlieder«, dank Gustav Mahlers kongenialer Nachvertonung. Luise und Ernst, zwei unsterbliche Kinderseelen.

ES GESCHAH IN EINEM BAYERISCHEN WALD

Eine unsterbliche Kinderseele, die nicht erlöst worden ist, davon zeugt ein nunmehr 19 Jahre zurückliegender Fall von Kindesentführung.

September 1981. Die elfjährige Ursula Herrmann ist noch erhitzt vom Schulsport, als sie ihren Turnbeutel hinten aufs Rad schnallt und sich auf den Weg nach Hause macht. Ungefähr auf halber Strecke, nicht weit von der bayerischen Ortschaft Eching entfernt, wird sie von einem Unbekannten, der ihr dort aufgelauert hat, vom Rad gezerrt und in den nahe gelegenen Weingarten-Wald verschleppt. Bevor das Mädchen recht begreift, wie ihm geschieht, wird sie in eine ca. 1,60 m hohe Kiste gesperrt, die eigens zu dem Zweck mit Belüftung, Beleuchtung und Toiletteneimer präpariert worden ist. Ebenso sind Essensvorräte vorhanden und sogar einige Comic-Hefte, damit das Mädchen sich nicht langweilen muß. Alles ziemlich ausgeklügelt, wohl in der Absicht, den Eltern ein erkleckliches Sümmchen Lösegeld abzuverlangen.

Das Mädchen nur einzusperren, erscheint dem Täter aber nicht sicher genug, deswegen gräbt er die Kiste samt lebender »Fracht« in den Waldboden ein. Ein »todsicheres« Versteck, wie sich erst sehr viel später herausstellt. Das aber scheint der Kidnapper nicht bedacht zu haben, denn als er fertig ist mit seiner Buddelei, macht er sich schleunigst aus dem Staub und überläßt die kleine Ursula ihrem Schicksal. An den Tatort kehrt er nie wieder zurück.

Tage vergehen, bis überhaupt die erste Forderung eingeht, die aber astronomisch hoch erscheint. 2 Millionen Mark, ungeachtet der Tatsache, daß beide Eltern Lehrer sind. Bloß – woher nehmen, das viele Geld?

Während sie sich darüber das Gehirn zermartern, mehr noch gequält von dem ungewissen Schicksal der Tochter, unternimmt der Kidnapper seltsamerweise keine weitere Anstrengung, seiner Forderung Nachdruck zu verleihen. Er meldet sich einfach überhaupt nicht mehr, ganz so, als hätte er jegliches Interesse an der Sache verloren.

Unterdessen ist die Polizei damit beschäftigt, das Wäldchen wieder und wieder zu durchkämmen, in der Hoffnung, trotz des schlechten Wetters – es regnet und stürmt – doch noch irgendeine verwertbare Spur zu finden – ohne Erfolg. Ursula ist buchstäblich wie vom Erdboden verschluckt, und noch ahnt niemand, wie wörtlich das zu nehmen ist.

Erst 19 Tage später wird die Kiste entdeckt. Den Beamten bietet sich ein Bild des Grauens, als man das Erdgefängnis samt Inhalt aus der Versenkung hebt. Lebendig begraben, war Ursula binnen weniger Stunden qualvoll erstickt. Angewehtes Herbstlaub, so die

Rekonstruktion der Polizei, hatte die Lüftungsrohre der Kiste verstopft. Für die Eltern ein Schrecken ohne Ende, denn der Fall ist bis heute nicht geklärt, der Entführer, wenn inzwischen nicht verstorben, immer noch auf freiem Fuß.

Aber schon 1966, stellte die Polizei im Zuge ihrer Ermittlungen fest, ereignete sich in den USA detailgenau die gleiche Entführung. So jedenfalls ist es nachzulesen in dem 1972 auch auf deutsch erschienenen Buch *Lebendig begraben – Die dunklen Nächte der Barbara Jane Mackle*. Edgar Allan Poe, darf man vermuten, wäre diese doch sehr makabre Verquickung von Fiktion und Verbrechen sicher ein Anreiz seiner morbiden Phantasie gewesen.

AUS FREUDE AM FAHREN

»Auto-Tests mit toten Kindern«, titelte die BILD-Zeitung ziemlich genau vier Wochen vor Weihnachten, am 23.11.1993, um in gewohnter Manier die Frage nachzuschießen: »Darf Forschung so pervers sein?«

Tatort der von BILD aufgedeckten Perversität im Namen der Wissenschaft war das Forschungslabor am Institut für Rechts- und Verkehrsmedizin der Universität Heidelberg. Dort hatte der von BILD sogleich als »Horror-Professor« titulierte Versuchsleiter, Professor Dimitros Kallieris (»große braune Augen, fester Händedruck«), ein totes Kind am Kindersitz angeschnallt. »Das Auto raste ferngesteuert gegen eine Mauer. (...) Der Schädel wurde zerschmettert, die Brust zerquetscht, Arme und Beine brachen (...).«

BILD dir deine Meinung woanders, möchte man den Lesern raten, wenn sich das Blatt mal wieder anschickt, einen komplexen Sachverhalt auf die allernötigsten und meist blutigen Details einzudampfen. Und so sicher wie das Amen in der Kirche fiel denn auch die einhellige Empörung unter den dafür zuständigen Bedenkenträgern aus. »Barbarische Tests«, ließ der Vatikan verlauten, und auch Bischof Karl Lehmann, Vorsitzender der Deutschen Katholischen Bischofskonferenz, geißelte sie als »einen Verstoß gegen Pietät und Würde, einen Umgang mit Menschen, der ganz und gar nicht akzeptiert werden kann«. »Ethisch nicht zu rechtfertigen«, meinte die Evangelische Kirche in Deutschland, während Professor Dr. Klaus-Peter Jörns, evangelischer Religionssoziologe und Vorsitzender der Berliner Ethik-Kommission, von »in Auftrag gegebener Leichenschändung« sprach. »Moralisch verwerflich«, urteilten die im Landtag von Baden-Württemberg vertretenen Grünen, die deshalb einen Antrag an die Landesregierung stellten, »dafür Sorge zu tragen, daß solche und ähnliche Versuche mit menschlichen Leichen in Zukunft unterbleiben«.

Diese »traumatomechanischen Versuche«, wie die Crashtests mit Leichen im Fachjargon heißen, dienen in erster Linie dazu, die passive Sicherheit von PKWs zu erhöhen. Neu sind sie keineswegs, denn die ersten Versuche dieser Art wurden bereits Ende der sechziger Jahre durchgeführt. Geleitet wurden sie von dem heute emeritierten Professor Georg Schmidt, 77, der bei seiner Pionierarbeit, wenn man sie so nennen will, die Unterstützung der Forschungsvereinigung Automobiltechnik fand, einem Zusammenschluß der deutschen

Autohersteller. Wie nötig deren Engagement war, läßt sich aus den damaligen Unfallziffern ersehen, die mit 17472 Verkehrstoten im Jahre 1970 einen traurigen Höchststand erreicht hatten. Sicherheitsgurt, Gurtstraffer, Airbags und Seitenaufprallschutz gehören zu den heute selbstverständlichen Errungenschaften einer Disziplin, die aber von denen, die sie in Anspruch nehmen, ebenso ungern akzeptiert wird wie etwa von Fleischessern die Notwendigkeit des Schlachtens.

Dabei ist die Zahl der weltweit 50 bis 100 zum Einsatz kommenden Leichen verhältnismäßig gering, verglichen mit den mehr als 50000 klinisch-wissenschaftlichen Obduktionen, die jedes Jahr allein in Deutschland vorgenommen werden. Speziell die Heidelberger Forscher können in der Regel auf Leichen zurückgreifen, die von der Staatsanwaltschaft im Rahmen eines Ermittlungsverfahrens beschlagnahmt worden sind. Das aber auch nur, sofern die beabsichtigten Versuche das Ermittlungsergebnis nicht beeinträchtigen. In allen anderen Fällen muß entweder ein schriftlich fixiertes »Leichenvermächtnis« vorliegen oder aber die Einwilligung der Angehörigen. »Frische« Leichen, die im Idealfall nicht älter als 1–3 Tage sind, sind aber auf jeden Fall vorzuziehen, um das Ergebnis nicht durch Fäulnisveränderungen zu beeinträchtigen.

Geeignete Kinderleichen stehen ungleich seltener zur Verfügung, weil die Kleinen als Opfer elterlicher Gewalt etwa oft entsprechend zugerichtet sind. Eher noch kommen Kinder in Betracht, die einem akuten Herzleiden erlegen oder den Ertrinkungstod gestorben sind. Ob ihre Verwendung, wie bei der inkriminierten Versuchsreihe in Heidelberg, gerechtfertigt erscheint, darüber wacht die Ethik-Kommission der Universität. Darüber hinaus sind die Forscher dem Ministerium für Wissenschaft und Forschung rechenschaftspflichtig. Die Testergebnisse sind dann entweder bei den Forschern selbst oder bei der Bundesanstalt für Straßenwesen einsehbar, zudem werden sie in einschlägigen Fachorganen publiziert.

Vor der eigentlichen Testfahrt bekommen die Leichen einen Trainingsanzug angezogen, dem Kopf wird zwecks Anonymisierung ein Stülpa-Verband übergezogen. An genau definierten Punkten, die sich je nach Versuchsanordnung an Kopf, Halswirbelsäule, Brustkorb, Becken oder Oberschenkel befinden, werden Sensoren angebracht, die Belastungswerte in den drei Raumkoordinaten liefern können, die sogenannte Triaxiale Messung. Gleich nach dem Crash erfolgt die Obduktion, zur Feststellung der aufgetretenen Verlet-

zungen. Gebrochene Gliedmaßen, ein zerquetschter Brustkorb oder gar ein zerschmetterter Schädel sind schon deshalb nicht zu erwarten, weil die Tests so ausgelegt sind, daß die maximale Belastungsgrenze gerade eben überschritten wird.

In welchem Streubereich diese Belastungsgrenze gerade bei Kindern liegt, war bis 1993 aber noch so gut wie unbekannt. Verglichen mit dem restlichen Körper ist der Kopf eines Kindes jedoch bedeutend schwerer als bei Erwachsenen. Folglich sind auch die Halswirbel bei einem Frontalaufprall wesentlich stärkeren Belastungen ausgesetzt. Die von Professor Kallieris durchgeführten Tests sollten hierüber Aufschluß geben. Sie waren auch insofern Neuland, weil nicht einmal in den USA, wo mit Abstand die meisten Leichentests stattfinden, mit Kinderleichen experimentiert worden war. Insgesamt acht tote Kinder zwischen 2 und 13 Jahren standen dem Heidelberger Forscher zur Verfügung. Sie alle wurden nach der Obduktion so weit wiederhergestellt, daß man sie wie jede andere Leiche auch aufbahren konnte, ohne den geringsten Anstoß zu erregen.

Im übrigen stützt man sich auch zur Optimierung heute gebräuchlicher Crashtest-Dummys wie etwa dem »Hybrid III« im wesentlichen auf die bei Leichentests gewonnenen Daten. Das müssen auch die wissen, die aus ethischen Gründen allein Versuchspuppen einsetzen sehen wollen. Doch noch der optimalste Dummy erlaubt es nicht, innere Verletzungen etwa, die oftmals akut lebensbedrohlich sind, auch nur ansatzweise darzustellen.

Insofern ist »die Leiche immer noch das beste mechanische Modell des lebenden Menschen, um trauma-

tomechanische Fragestellungen untersuchen zu können«. Meint Professor Rainer Mattern, der als einstiger
Assistent Georg Schmidts dessen Nachfolge angetreten
hat. Außerdem ist er der Chef des so sehr in Verruf ge-
ratenen »Horror-Professors« Kallieris, der selbst Vater
von drei Kindern ist.

»Ich hoffe«, sagte Kallieris in einem Interview der
BILD-Zeitung, »daß ich weitermachen kann.«

REDEN, WENN ANDERE TRAURIG SIND

Als Perikles, der größte Staatsmann der Antike, seine
berühmt gewordene Rede auf die gefallenen Athener
hielt, im Jahre 431 vor unserer Zeit, ahnte man noch
nichts von kirchlichen Begräbnissen, wie sie ein groß-
mächtig angewachsener Monotheismus christlicher
Prägung hervorbringen und kultivieren würde. Sein
mähliches Dahinschwinden in unseren Tagen, kennt-
lich an der unverändert hohen Zahl von Kirchenaus-
tritten jedes Jahr, ruft nicht nur Heilspropheten von
eigenen Gnaden und dubiose Sektenführer auf den
Plan, auch sogenannte »freie« Trauerredner haben immer mehr Zulauf.

Tatsächlich hat die konfessionsungebundene Konkurrenz in kürzester Zeit einen kräftig boomenden
Markt eröffnet, auf dem durchaus seriös, teils aber auch
mit weniger erquicklichen Methoden um die Gunst
der Kundschaft gerungen und gerangelt wird. Und
manch einer, der sich gestern noch einigermaßen etabliert wähnte, sieht sich von geschäftstüchtigen Neu-
einsteigern in seiner Existenz bedroht.

Klaus Behner, Trauerredner in Hamburg seit 1987 und somit einer der Etablierten, sieht aber noch andere Gefahren. Der ungeheure Konkurrenzdruck läßt ihn vor allem um die Seriosität des selbstgewählten Berufes fürchten, mittlerweile ein Tummelplatz sowohl für arbeitslose Lehrer und Pfarrer als auch für Journalisten, die in ihrem Metier gescheitert sind. Verwunderlich ist das nicht, denn anders als die Bestatter, die immerhin den handwerksähnlichen Berufen zugeordnet sind, gilt der des Trauerredners bestenfalls als ungeschützter Künstlerberuf, dem ein jeder und ganz nach eigenem Gusto nachgehen darf. Verläßliche Angaben über die Zahl der »Freien« gibt es freilich nicht, allenfalls Schätzungen mit einer nicht geringen Schwankungsbreite von 500 bis weit über 1000.

Für Behner ist der Beruf des Trauerredners in erster Linie eine Dienstleistung, in Ergänzung zu dem, was die Kirche bietet. Und zumindest was die katholische Kirche bietet, kennt er aus eigener Anschauung, gehört er doch zu den Ehemaligen, nicht aber zu den Gescheiterten. Als Diplomtheologe war er in verschiedenen kirchlichen Einrichtungen tätig, bis er 1982 den Weg als »freischaffender Theologe« wählte.

Taufe, Hochzeit, Tod – die klassische Dreierkombination steht noch immer auf seinem Programm, doch will er seine Dienste viel umfassender verstanden wissen, für alle Ereignisse nämlich, die »im Leben eines Menschen als etwas Besonderes gelten«. Zuhören und vorbereitende Gespräche sieht er als die wichtigsten Voraussetzungen an, um »situationsgerecht« agieren zu können.

Um sich gegen die aus allen Richtungen anrückende Konkurrenz zu behaupten, hat Behner im Herbst 1996 die »Bundesarbeitsgemeinschaft Trauerfeier e.V.«, kurz BATF, aus der Taufe gehoben. Zu den insgesamt 34 Gründungsmitgliedern gehört auch Dorothea Ruthsatz, die ihren Wirkungskreis in Tönisvorst bei Krefeld hat.

Die studierte Theologin, die u. a. elf Jahre lang Pfarrerin an einer protestantischen Freikirche war, ist seit 1992 freiberufliche Trauerrednerin. Bald schon hatte sie das Glück, das Gebiet eines weithin geachteten Kollegen übernehmen zu können, der kurz zuvor verstorben war. Der Tod ist eben immer auch der Anfang des Neuen, wie es sinngemäß bei Thomas Carlyle heißt.

Was soweit in Ordnung wäre, wenn das Neue mindestens so gut wie das schon Bestehende ist. Das sei oft genug aber nicht der Fall, bemängelt Frau Ruthsatz. Was sie am meisten erschreckt, ist die geringe Praxiserfahrung vieler, die jetzt mit Macht ins Geschäft drängen und oft nur auf das schnelle Geld aus sind. Mittlerweile gebe es genug »Kollegen«, die mit fix zusammengeklaubten Textbausteinen aus dem Computer zur Stelle sind. Ganz zu schweigen von selbsternannten Gurus, die sich mit obskuren Schulungsangeboten selbst sanieren. »Durch solche Leute«, so Frau Ruthsatz, »wird viel kaputt gemacht. Auch bei denen, die schon fest etabliert sind.«

Mit Aus- und Weiterbildungsangeboten der Mitglieder Abhilfe zu schaffen, ist daher eines der Hauptanliegen der BATF. Klaus Behner hält es für wichtig, das Berufsbild des Trauerredners so zu gestalten, daß es als solches in der Öffentlichkeit auch wahrgenommen wird.

Frau Ruthsatz, die nebenher auch gelernte Kommunikationswirtin ist, hat einen Leitfaden für die Arbeit von Trauerrednern erarbeitet: »Die Lebenden ansprechen – die Toten zur Sprache bringen.« In erster Linie will sie damit Anfängern den Beruf nahebringen, und für diejenigen, die bereits als Trauerredner arbeiten, sind viele praktische Hinweise darin enthalten. Selbst Bestatter, denen es bislang an verläßlichen Qualitätsmerkmalen bei der Beurteilung ihrer Trauerredner fehlt, können davon profitieren. Dafür bürgt Coautor Herbert Haas, denn der ist Inhaber gleich zweier Bestattungsinstitute.

STREIK!

Die in Frankreich sprichwörtliche Knauserigkeit der Normannen treibt zuweilen seltsame Blüten. Als Gustave Flauberts Schwester Caroline in das von normannischen Totengräbern ausgehobene Grab hinabgesenkt werden sollte, paßte der Sarg nicht hinein. Die Grube war zu schmal, was die Totengräber aber keineswegs davon abhielt, sie trotzdem hineinzuzwingen. Also packten sie den Sarg und rüttelten daran, versuchten, ihn durch Drehen und Kippen tiefer zu bringen, hackten mit einem Spaten auf die sperrige Kiste ein, Brecheisen kamen zum Einsatz, bis schließlich einer von ihnen den Fuß auf die Kiste setzte und den Sarg mit Gewalt in die Grube drückte. Die Trauergemeinde starr vor Entsetzen, der Witwer einer Ohnmacht nahe – eine Szene wie aus einem Film von Luis Buñuel.

Aber auch unter Einsatz modernster Technik gelingt nicht immer alles. Im Jahre 1992 stiftete eine Frau in Löhne-Obernbeck (Ostwestfalen) ihrer Kirchengemeinde ein elektrisch betriebenes Sargversenkungsgerät im Wert von ca. 4500 Mark. Eine noble Geste, nachdem ihr schwergewichtiger Mann unter größten Mühen zu Grabe gelassen worden war. Lieber spät als nie, freuten sich die sechs Sargträger von Obernbeck, sie alle ehrenamtlich tätig für ein Bestattungsunternehmen. Nie wieder eine Beerdigung ohne das neue Sargversenkungsgerät!

Ganz anders der Kirchenvorstand, der einer, wie es hieß, »Beerdigung auf Knopfdruck« eine klare Abfuhr erteilte. Das Gerät, urteilte der Gemeindepfarrer, bringe »den letzten Liebesdienst des Menschen am Men-

schen« in Gefahr. Fünf der von Berufs wegen eher zu
den Mühseligen und Beladenen gehörenden Sargträger konnten sich dem nicht anschließen und legten
erst mal ihre Arbeit nieder. Ob der sechste unterdessen
alleine weiterarbeitete, ist nicht bekannt.

Mit einem Kompromiß sollte nun der gestörte
Friede auf dem Friedhof wiederhergestellt werden. Bei
schweren Särgen, ferner bei Regen oder bei Grabstellen
im hintersten Winkel, so der Vorschlag des Kirchenvor-
stands, könne das anerkanntermaßen leise arbeitende
Gerät durchaus Verwendung finden. Die Sargträger
hinwiederum, Arbeiter der Faust, lehnten dies mit der
Begründung ab, daß damit eine »Zweiklassengesell-
schaft auf dem Friedhof« drohe. Vielleicht kannten sie
Tucholskys Worte: »Dies ist die wahrste aller Demo-
kratien, die Demokratie des Todes.«

HAT DA WER GEKLOPFT?

Im November 1985 – immer der beste Monat für solche Geschichten – wurde eine Frau, die im hohen Alter von 93 Jahren verstorben war, auf dem Friedhof
von Gänheim (Landkreis Main-Spessart) beigesetzt.
Eine ganz normale Sache, zumal in dem Alter. Als jedoch das Grab mit Erde aufgefüllt wurde, wollen zwei
der Totengräber, aber auch Trauergäste, akustische
Signale »wie ein Klopfen an den Sargdeckel« vernommen haben.

Nach kurzer Pause, einem neuerlichen Blick auf
den Totenschein und dem Ausbleiben weiterer Signale
setzten die Totengräber ihre Arbeit fort. Was derweil

die noch anwesenden Trauergäste taten, ob sie voller Entsetzen flohen oder noch so unter Schock standen, daß keiner sich getraute, den Totengräbern Einhalt zu gebieten, ist dagegen nicht überliefert.

Es dauerte nicht allzulange, und die wildesten Gerüchte machten die Runde, in Gänheim und über Gänheim hinaus. Um so mehr, als einer der Totengräber sich unmittelbar danach auf 14 Tage hatte krankschreiben lassen, angeblich, weil er mit dem Erlebnis nicht fertig geworden war.

Womöglich, so die Spekulationen, hatte sich ein Vogel in die Leichenhalle verirrt und dann Zuflucht gesucht in dem Sarg der alten Frau. Oder waren vielleicht ganz einfach nur die Tragegriffe Schuld an dem Geräusch, die beim Zuschütten des Grabes herunterklappten und ein paarmal gegen den Sarg klopften?

Fragen über Fragen, die bald auch den Würzburger Oberstaatsanwalt Elmar Fischer beschäftigten. Die rou-

tinemäßige Überprüfung erbrachte zwar keine Verdachtsmomente, denen nachzugehen seine Pflicht gewesen wäre, aber die Gerüchte wollten kein Ende nehmen. Endlich, im Januar 1986, erteilte der Oberstaatsanwalt die Anweisung, das Grab der alten Frau wieder freizulegen. Und so geschah es.

Eine vollständige Exhumierung vorzunehmen bestand freilich kein Anlaß, als sich nämlich herausstellte, daß der nicht sehr massive Sarg unter dem Druck der schweren Lehmerde teilweise geborsten war. Dieses Einbrechen, so die Erklärung der Würzburger Staatsanwaltschaft, habe dann die Geräusche erzeugt.

VOM HIMMEL HOCH

Wenn hoch am Himmel die Geier kreisen, dann weiß jeder Western-Fan, was das bedeutet. Die gefiederten Leichenfledderer haben irgendwo da unten ein Stück Aas ausgespäht und warten nun auf den günstigsten Zeitpunkt für ihre Mahlzeit. Im Fernen Osten hingegen ist zu erleben, wie die Geier mit Leckerbissen ganz besonderer Art verwöhnt werden: Menschenfleisch.

In Tibet, auf dem Dach der Welt, sind Erdbestattungen ganz und gar unüblich. Nur Schwerverbrecher, die ihr Seelenheil verwirkt haben, werden beerdigt. Der unbescholtene Tibeter dagegen wird in das Reich der Toten eintreten – mit Hilfe der Geier, die seine Seele in den Himmel tragen.

Drigung Tenchak, Tibets heiligster Friedhof, ist so eine »Abflugstelle«. Sie befindet sich weit im Osten des Landes, im Drigung-Tal, oberhalb des Klosters Dri-

gung Til. 4500 Meter über dem Meeresspiegel, liegt
sie dem Himmel schon sehr nahe.

Wuchtige Felsplatten, groß wie Findlinge, markieren
das in einer Bergmulde angelegte Bestattungsfeld. Be-
äugt von vielleicht 200–300 »Seelentransportern«, die
die Hänge besetzt halten und geduldig auf ihren Einsatz warten, bereitet der Bestatter, ein Mönch aus dem
nahen Kloster, die Beerdigung vor. Sind die Leichen
grob zerteilt und auf den Steinen ausgebreitet, schwir-
ren sie auch schon herbei, die Totengeier, um sich zu
atzen an der reich gedeckten Tafel. Jeden Tag sind es bis
zu 20 Leichen, die auf diese Weise bestattet werden.

»Ein schöner Platz, die Vergänglichkeit zu begreifen«, meint der Mönch und schaut den wohlgenährten
Geiern nach, die sich mitsamt der Seele himmelwärts
schwingen.

Im benachbarten Indien ist es die religiöse Minder-
heit der Parsen, die sich in ähnlicher Weise von ihren
Toten trennen. Die schätzungsweise 100 000 Gläubigen
sind Anhänger der Lehre Zarathustras, der wahrscheinlich um 600 v. Chr. im östlichen Iran wirkte. Die Parsen
verehren die Naturelemente Feuer, Wasser, Erde, Luft, die
deswegen auch nicht verunreinigt werden dürfen. Ihre
Verstorbenen werden demzufolge weder beerdigt noch
verbrannt, sondern auf eigens dafür errichteten Türmen
oder Rosten den Raubvögeln zum Fraß dargebracht.

Erdbestattungen werden im Reich der vielen Götter
nur von den Anhängern monotheistischer Glaubens-
richtungen praktiziert, Christen und Muslime. Über
80 % der Inder aber sind Hindus, und die werden, wenn
sie gestorben sind, verbrannt. Gleiches gilt für Sikhs
und Jains.

Reinkarnation, der Glaube an die Wiedergeburt, verlangt nach der Zerstörung der körperlichen Hülle, um die Seele für das nächste Leben zu befreien. Danach beginnt die Zeit der Seelenwanderung und der Zyklus der Wiedergeburt. Ob diese sich dann auf einer höheren oder tieferen Stufe vollzieht oder gar als Tier, wie das bei den Hindus möglich ist, darüber entscheidet das Karma, die Summe aller Taten, gute und schlechte gleichermaßen, die der Mensch im Laufe eines Lebens vollbracht hat.

Das Lourdes der Hindus ist Varanasi in der zentralindischen Provinz Pradesh. Von überall her pilgern sie herbei, die Frommen, Yogis und Asketen, die sannyasi, die Bettelmönche, ebenso wie die Sikhs und die Muslime, denn seit den frühen Tagen des 6. Jahrhunderts vor Christi Geburt, als Buddha hier Predigten abhielt, ist Varanasi auch ihr Wallfahrtsort. Sie alle versammeln sich an den steilen Treppenstufen, den ghats, die zum Ganges hinunterführen. Speziell die Hindus, um in den heiligen Fluten ein rituelles Bad zu nehmen. Der Geist wird gereinigt, die Sünden abgewaschen, während der Pilger betend im Wasser verweilt, um dessen Kraft ebenso in sich aufzunehmen wie die der aufgehenden Sonne. Die ghats sind übrigens auch ein guter Platz zum Sterben, insbesondere für strenggläubige Hindus, die nur darauf warten, daß sich ihre Hoffnung bald erfüllt. In Varanasi sterben, verheißt soviel wie Erlösung zu finden aus dem ewigen Kreislauf der Wiedergeburt.

So finden in dem allmorgendlichen Getümmel einiger Zehntausender Pilger auch die Leichenverbrennungen der Hindus statt. Der in Tücher gehüllte Leichnam

wird auf einer Bambusbahre hinunter zum Ganges getragen und ein letztes Mal in die Fluten getaucht, wenigstens aber seine Lippen mit Flußwasser benetzt. Nun werden diejenigen, die nicht verbrannt werden dürfen – Brahmanenpriester, Kleinkinder und Schwangere, früher auch Choleraopfer – den Fluten der heiligen Mutter Ganga überantwortet. Alle anderen werden auf Scheiterhaufen aus Sandelholz gelegt, derer es auf den ghats zahlreiche gibt. Der älteste Sohn setzt nun den Scheiterhaufen in Brand. Die Verbrennung der Witwen, der die Frauen lebend zum Opfer fielen, ist seit 1829 verboten. Wer aber schon nicht das Glück hatte, in Varanasi zu sterben, dem gilt das Verbrannt-Werden als besonders verheißungsvoll für das nächste Leben. Darum wird die Asche in den Ganges gestreut.

Nur die von Indira Gandhi nicht. Die charismatische Landesmutter, eine Hindu, war am 31. Oktober 1984 von zwei ihrer eigenen Leibwächter, Angehörigen der Sikh-Religion, ermordet worden. Die Rache fanatisierter

Hindus war fürchterlich. In den Pogromen kamen mehr als 1000 Menschen ums Leben, mehrheitlich Sikhs.

Dem letzten Wunsch seiner Mutter gemäß, die sich selbst als »Kind der Berge« bezeichnet hatte, verstreute Sohn Rajiv, der neue Premier des Landes, ihre Asche über den Bergen des Himalaya in alle Winde. Sechs Jahre später wurde auch er in ein neues Leben gezwungen, durch ein Bombenattentat tamilischer Rebellen.

VERSCHOLLEN AUF DEM FELD DER NAMENLOSEN

Weil ein Mann aus Frankfurt aus Versehen anonym unter die Erde kam, sucht die Witwe jetzt nach seiner Leiche.

Werner H. ist 61, als er Ende August 1998 wegen eines Gefäßleidens in das Frankfurter Bürgerhospital kommt. Bei der Einlieferung gibt er als Angehörige den Namen seiner Frau an, dazu die Telefonnummer, unter der sie zu erreichen ist. Die Sache hat nur einen Haken: Werner H. lebt von seiner Frau getrennt, die Scheidung läuft. Drei Wochen später, am 16. September, stirbt Herr H. im Krankenhaus. Niemand weiß so recht zu sagen, wie intensiv die Bemühungen des Personals waren, mit der Ehefrau des Verstorbenen Kontakt aufzunehmen. In der Pflege-Dokumentation findet sich jedenfalls nur der Eintrag: »Ehefrau laut Station nicht erreichbar.« Die Leiche kommt ins Kühlfach.

Stirbt ein Mensch im Krankenhaus, so Horst Heil, der zuständige Friedhofamtsleiter von Frankfurt, ist die Klinik als sogenannte »Sorgeverpflichtete« gehalten, sich um alles weitere zu kümmern. So jedenfalls will es Paragraph 12 Bestattungsgesetz, wie es in Hessen gültig ist. Das schließt die Suche nach Verwandten natürlich mit ein. Wie gründlich die Suche in diesem Fall ist, geht wiederum aus einer dem Pflegebericht beigefügten Notiz hervor: »Telefon nicht abgenommen.«

Drei Wochen vergehen, und nichts passiert. Dann wird die Leiche zur Bestattung freigegeben, ein Leichenbestatter wird beauftragt, und der »erledigt« dann den Rest. Am 5. Oktober wird Werner H. im Bürgerhospital abgeholt. Tags darauf ist die Bestattung, auf dem Parkfriedhof Heiligenstock, Gewann II, »Feld der Ungenannten« genannt. Ein schmuckloser Totenacker, auf dem es weder Kreuz noch Steine gibt, den letzten Aufenthaltsort eines Menschen zu markieren. Hier begraben, wird auch Werner H. einer dieser Namenlosen, die danach für immer und ewig verschwunden sind.

Erst einen Monat später und dann nur zufällig erfährt Karin H. vom Tod ihres Mannes aus dem Gemeindeblättchen. Unter der Rubrik »Familiennachrichten« heißt es: »Wir gedenken des verstorbenen Werner H,«

Die unverhofft zur Witwe gewordene H. kann zunächst nicht glauben, was sie da liest. Ein Anruf beim Krankenhaus bringt schließlich die Gewißheit, daß ihr Mann, Werner H., tatsächlich dort verstorben ist. Frau H. macht sich auf die Suche nach dem Verbleib seiner Leiche, vor allem aber will sie ein eigenes Grab für den Mann, mit dem sie bis zu seinem Tod verheiratet war, immerhin neun Jahre lang. »Er hat gesagt, er will auf den Hauptfriedhof«, wird sie in der *Frankfurter Rundschau* zitiert.

Friedhofamtsleiter Heil zeigt sich einsichtig und bewilligt den Antrag der Witwe, dem noch Namenlosen die letzte Ruhe unter einem Stein des Hauptfriedhofs zu gewähren. Ganz so einfach ist die Sache aber dennoch nicht: Das Umbetten ist laut Gesetz erst nach mindestens fünf Jahren möglich. Bliebe noch das Problem, das Grab des Werner H. wiederaufzufinden.

Die Chancen darauf stehen allemal besser als im Falle Mozarts, der mit einiger Sicherheit nie wieder aus der Anonymität seines Grabes auftauchen wird. Doch kein Trauerzug folgte dem Sarg, kein einziger Musikliebhaber Wiens säumte den Weg zum Friedhof St. Marx, als Mozart in einem Behältnis, das mehr Kiste war als Sarg, dorthin verbracht wurde. Selbst Constanze, seine Frau, war lieber zu Hause geblieben, als ihn an diesem bitterkalten Dezembertag zu seiner letzten Ruhe zu geleiten. So wurde er zusammen mit anderen in einem gemeinschaftlichen Schachtgrab beigesetzt. Vielleicht aber auch schon, wie Mozart-Biograph Wolfgang Hildesheimer argwöhnt, irgendwo auf dem Weg dorthin, von übellaunigen oder gar betrunkenen Sargträgern verscharrt am Wegesrand. Mozart, im Leben schon klein von Statur, war in dem hitzigen Frieselfieber, dem er schließlich erlegen war, noch weiter geschrumpft. Vielleicht hat man also sogar mit Stiefeln nachgeholfen, den nicht sehr großen Leichnam irgendwo in ein Loch zu stopfen, das in der Folge zuschneite und seinen Verbleib für immer verwischte.

Möglich wäre es immerhin, denn 1791 waren Begräbnisfeierlichkeiten und Sargbegleitung noch keineswegs die Regel, die lieblose »Entsorgung« auf dem Totenacker daher nicht ungewöhnlich für die damalige

Zeit. Dafür hat Mozart heute gleich zwei Grabmäler. Eines auf dem St. Marxer Friedhof, seiner vermuteten Begräbnisstätte, ein anderes, das Ehrengrab, auf dem Zenträu, dem Wiener Zentralfriedhof, mit Nestroy und Schnitzler, mit Schubert und Schönberg.

Das alles wird Frau H. in Frankfurt nicht darüber hinwegtrösten, daß ihr Mann irgendwo begraben liegt, ohne eine feste Adresse für ihre Trauer.

WO DIE TOTEN ONLINE SIND

»Familie währt am längsten«, heißt es in des Holländers Harry Mulischs »Totalroman« *Die Entdeckung des Himmels*, in dem es u. a. um die Rückführung der auf Erden von niemand mehr geachteten Zehn Gebote geht. Was dort allerdings wie der verzweifelte Stoßseufzer eines Mannes klingt, der sich einer krakenhaften Familienbande ausgesetzt sieht, ist den Mormonen eherner Glaubensgrundsatz.

»Wir glauben«, sagt Elder D. Todd Christofferson, geschäftsführender Direktor des Family History Department der »Kirche Jesu Christi der Heiligen der Letzten Tage«, wie sie sich offiziell nennt, »daß die Familie ewig bestehen kann.«

Die kleine Glaubensgemeinschaft mit dem langen Namen, die weltweit etwa 10 Millionen, in Deutschland aber gerade mal 36 000 Anhänger hat, orientiert sich an dem Buch *Mormon* ihres amerikanischen Religionsstifters Joseph Smith, der schon als 14jähriger Bauernbub im Frühjahr des Jahres 1820 eine Offenbarung gehabt haben will. Demnach war er dazu ausersehen, die

Lehre, Organisation und Autorität der Urkirche wiederherzustellen. Nach der offiziellen Kirchengründung im April 1830 waren die strenggläubigen Frömmler, die weder Drogen, Alkohol oder Nikotin zu sich nehmen, mannigfaltigen Anfeindungen ausgesetzt. Als Smith 1844 in Illinois ermordet wurde, setzte der Exodus der Kirchengemeinde gen Westen ein. Die Mormonen siedelten schließlich am Südrand eines riesigen Salzsees, mitten in der damals von Indianern bewohnten Wüste von Utah. Dort gründeten sie die Stadt Salt Lake City, wo die Kirche noch heute ihren Hauptsitz hat.

40 Kilometer südöstlich von der Innenstadt liegt das Family History Department, die genealogische Sammelstelle der Sekte und gleichzeitig das größte Familienforschungsarchiv der Welt. »Indem wir nach unseren Vorfahren forschen, beginnen wir, besser zu begreifen, wer wir sind und was wir werden können«, erläutert Elder Christofferson den Sinn dieser Einrichtung. Und diese ist auch für Nichtgläubige beeindruckend genug.

Vor dem Besucher türmt sich ein gewaltiges Granitsteinmassiv, das als atombombensicher gilt. In das

200 Meter unter Tage liegende Archiv darf nur, wer zuvor die strengen Sicherheitsvorkehrungen passiert hat. Ein weiterer Schutz gegen unerbetene Besucher ebenso wie gegen Naturkatastrophen aller Art sind die mit meterdicken Stahltüren versehenen Schleusen. Ein Schutzbunker der US-Regierung könnte nicht besser gerüstet sein.

In den sechs Gewölbehallen, die sich auf insgesamt 13 000 qm erstrecken, werden mehr als 2 Millionen Rollen Mikrofilm, 700 000 Mikrofiches, 280 000 Bücher und mehrere genealogische Datenbanken verwahrt. Die Namen von über 2 Milliarden Toten sind hier erfaßt, und monatlich werden es mehr. Mobile Kamerateams, die überall auf der Welt ständig unterwegs sind, durchforsten, wenn sie nicht gerade vergessene Dach- und Abstellkammern inspizieren, private, staatliche und sonstige Archive, um Kirchenbücher, Heirats-, Geburts- und Sterberegister auf Mikrofilm zu bannen. Manchmal auch komplette Volkszählungen, die, wie etwa in England, jedermann frei zugänglich sind. Sogar Zeugnisse schriftloser Kulturen, wie man sie in Afrika und Südamerika findet, werden archiviert.

Ein Teil dieser immensen Ausbeute wurde am 25. Mai 1999 ins Internet gestellt. Wer sich dort unter www.familyse-arch.org einloggt, hat im »International Genealogic Index« (IGI) Zugriff auf die Geburts-, Tauf- und Heiratsdaten von über 600 Millionen Verstorbenen aus den Jahren 1500–1900. Daneben gibt es eine Vorfahrenkartei (Ancestral File) mit Familienstammbäumen, die 35 Millionen Einträge aus aller Welt enthält. Eine speziell entwickelte Suchmaschine soll helfen, inmitten dieser gewaltigen Datenmenge

Familienforschung zu betreiben. Das wird auch nötig sein, denn fortan hat auch jeder User am heimischen PC die Möglichkeit, familiäre Daten zur dauerhaften Bewahrung einzureichen. Die virtuelle Vernetzung mit dem Reich der Toten ist in vollem Gange; theoretisch ist es sogar möglich, die Namen aller Toten zu ermitteln und somit die noch weithin klaffende Lücke zu unser aller Ureltern Adam und Eva zu schließen.

Mit ihrem Internet-Auftritt bedient die Mormonen-Kirche einen Trend, der sich allerorts ungetrübter Beliebtheit erfreut. 200 Millionen »Hits« allein in der achtwöchigen Testvorlaufphase, vermeldet die Abt. Öffentlichkeitsarbeit in Frankfurt stolz. Kritik wird dagegen nur selten laut. Der in Bad Vilbel tätige Pfarrer Hans Siebert etwa hält die Ahnenforschung der Mormonen nur für einen Vorwand, Totentaufen abzuhalten. Diese sind beileibe keine Erfindung der »Heiligen der letzten Tage«, finden sie doch schon im 1. Brief des Paulus an die Korinther Erwähnung: »Was machen sonst, die sich taufen lassen für die Toten, wenn die Toten überhaupt nicht auferstehen? Was lassen sie sich taufen für die Toten?« (1 Kor 15,29)

Nach der christlichen Lehre werden nur Lebende getauft, stellt Siebert die Unterschiede klar. Stellvertreter-Taufen, wie sie in den Tempelritualen der Sekte zelebriert werden, widersprechen der Hl.Schrift, zumal, wenn es Tote betrifft, die sich dem nicht widersetzen können. Die Totentaufe sei nur der Versuch, die Seele der Verstorbenen in den Mormonenhimmel zu holen.

Das sieht man bei den Mormonen anders. Weil die Familie im nächsten Leben wieder zusammenlebt, sei es gut, alle ihre Mitglieder kennenzulernen, auch die

Verstorbenen. Diese hätten im übrigen die Möglichkeit, die ihnen zugedachte Taufe abzulehnen. In welcher Weise das geschieht, bleibt freilich ein Geheimnis der Mormonen.

Wenn dereinst die Namen aller Toten im Internet abrufbar sind, werden allerdings die der Christus-Kirchengemeinde in Bad Vilbel fehlen. Dafür hat Pfarrer Hans Siebert gesorgt.

FATALE KREMIERUNG

Als die Leiche der mexikanischen Malerin Frida Kahlo nach dem Kremieren wieder zum Vorschein kam, war das nun silbrig schimmernde Skelett noch vollständig erhalten. Aber das war nur eine flüchtige Erscheinung, denn schon beim ersten Luftzug zerfiel die scheinbar feste Form zu einem Häufchen Asche.

So wie Frida Kahlo schon 1954, lassen sich auch hierzulande immer mehr Menschen lieber verbrennen als begraben. 1997 wurden von den insgesamt 860 389 Verstorbenen 333 800 feuerbestattet, das entspricht einem Anteil von rund 40%. In den Neuen Ländern liegt der Anteil sogar noch höher, dort werden nahezu Dreiviertel aller Toten eingeäschert. Das mag aus Platzgründen sinnvoll erscheinen, doch wehe, wer am Krematorium lebt.

Zeitungsberichten zufolge sind die 120 deutschen Anlagen zur Feuerbestattung wahre Dreckschleudern. Über die Schornsteine pusten sie gewaltige Mengen des Seveso-Giftes Dioxin in die Luft; ein Vielfaches von dem, was nach dem Bundesimmissionsschutzgesetz erlaubt ist. Das meiste davon dürfte auf das Konto sogenannter Begleitutensilien wie Totenkleidung, Kissen, Überwurf und Innenausstattung der Särge gehen.

Besorgniserregend ist auch der Ausstoß von Quecksilber. Das hochgiftige Schwermetall wird im Fettgewebe eingelagert, reichert sich dort an und kann bei hoher Dosierung zu Geisteskrankheiten und Fehlgeburten führen. Wenn man davon ausgeht, daß jeder Mensch im Schnitt fünf quecksilberhaltige Zahnfüllungen sein eigen nennt, werden je nach Verbrennungskapazität zwischen elf und vierzehn Kilo im Umkreis eines jeden Krematoriums freigesetzt. Und »kein Greenpeace-Kämpfer«, mokiert sich etwa *Der Spiegel*, »der sich deswegen an Krematorienschlote kettet«.

Der Mensch macht also noch jede Menge Dreck, wenn er diese Welt verläßt, mehr noch das, was nicht des Menschen ist. Schädelplatten, künstliche Gelenke, Silikonkissen und Glasaugen, das alles ist Sondermüll, nur müßte man, um alles getrennt zu entsorgen, den Menschen in seine natürlichen und seine künstlichen Einzelteile zerlegen. Das jedoch verbietet die Pietät bzw. der Gesetzgeber, dem es obliegt, dieses heikle Ansinnen in eine entsprechende Verordnung zu kleiden. Bislang werden nur Nägel, Schrauben und Drähte mit Magneten aus der Asche gezogen. Herzschrittmacher aber müssen entfernt werden, weil sie in der Verbrennungshitze, die bis zu 850 Grad erreichen kann, implodieren.

Oder explodieren, wie in der ostfranzösischen Stadt Grenoble geschehen. Dort hatte eine Witwe fälschlicherweise ein Formular unterschrieben, wonach ihr 1992 verstorbener Mann »keinen Herzschritt-

macher oder ein anderes batteriegetriebenes Gerät«
in sich trage. Bei der Kremierung explodierte dann
der nicht deklarierte Herzschrittmacher und richtete
beträchtlichen Schaden an. Die Frau mußte Schaden-
ersatz in Höhe von 33 000 Mark zahlen.

Bei der Kremierung Frida Kahlos war derlei nicht
zu befürchten. Die von der Nachwelt gern zur
Schmerzensmadonna hochstilisierte Künstlerin war
nach einem Unfall in jungen Jahren zwar immer auf
Korsettagen und ähnliche Hilfsmittel angewiesen, doch
nichts davon wurde ihr in den Sarg gelegt. Den letzten
Schmuck – Ohrringe, Halsketten, ein Ring an jedem
Finger – entrissen ihr die Freunde, als die Flammen
schon am Holz des Sarges leckten. Viva la vida, Frida!

DER GUATEMALA-TRICK

Wie der britische Ethnologe Nigel Barley uns berichtet, ist die Totenasche etwas, woran sich der Wettstreit
seiner Landsleute in Sachen Exzentrizität austobt. Die
Asche, in England auch »Kremableibsel« genannt, ist
dort keine Leiche mehr und somit ganz in die Verfü-
gungsgewalt der vormaligen Erblasser gestellt. Kremableibsel, die etwa mit Feuerwerkskörpern verschossen
werden oder als Füllsel in Eieruhren landen, sind demnach keine Seltenheit. Nach 52 Jahren im Dienst der
British Rail ließ der frühere Lokführer James Eldridge
seine Asche auf den Gleisen neben Bahnsteig 8 im
Londoner Bahnhof King's Cross verstreuen. Vor allem
aber sind es die englischen Fußball-Clubs, die mit Anfragen geradezu bestürmt werden, die Asche früherer

Fans auf dem Spielfeld zu verstreuen. Mancherorts
gibt es sogar schon Richtlinien, nicht mehr die gesamte
Asche zu verstreuen, angeblich, weil zuviel davon kah-
le Stellen in der Grasnarbe verursacht.

Ganz anders in Deutschland, wo die Asche einer jeden Leiche genauso zu behandeln ist wie die Leiche
selbst, selbst dann noch, wenn sich der physische Zustand eines Toten derart gravierend verändert hat wie
nach seiner Einäscherung. Die Friedhofspflicht ist in
jedem Fall strikt einzuhalten, so jedenfalls will es die
»Durchführungsverordnung zum deutschen Friedhofs-
und Bestattungsrecht«. Einzige Ausnahme von dieser
Regel ist die Seebestattung. Was aber tun, wenn der
Letzte Wille etwas ganz anderes verlangt, als das Gesetz es erlaubt?

Um dieses Dilemma zu vermeiden, hat Ingo Hohn,
Psychotherapeut in Aachen, den »Guatemala-Trick«
ersonnen. Sein unlängst verstorbener Vater hatte sich
nämlich für eine ganz besondere Ruhestätte entschieden, im eigenen Garten irgendwo in der Eifel, male-
risch am Fuße einer geschichtsträchtigen Burg gelegen.

Wünsche dieser Art sind für Ingo Hohn so ungewöhnlich nicht. Der Diplompsychologe kennt sie insbesondere aus dem täglichen Umgang mit Krebs- und
Aidspatienten, die lieber an einem für sie bedeutungs-
vollen Ort als auf irgendeinem Friedhof beerdigt sein
wollen. Doch trotz vermehrter Anfrage war es schier
unmöglich, der per Gesetz verordneten Zwangslage
zu entkommen.

Das änderte sich erst, als Hohn im Sommer 1997 in
Rom weilte. Den eigentlichen Ausschlag gab dabei nicht
so sehr die vielfältige Bestattungskultur der Ewigen

Stadt als vielmehr ein zufällig entdeckter Artikel in einem Hamburger Wochenblatt. Danach war ihm klar, daß die Urne des Vaters nur mit einem Trick in die geliebte Gartenerde am Fuß der Burg zu bringen wäre.

Dieser Trick, von einem Rechtsanwalt en détail geprüft und für legal befunden, funktioniert etwa folgendermaßen. Gegen eine geringe Gebühr von rund 200 Mark meldet Ingo Hohn beim Ordnungsamt der Stadt erst mal ein Gewerbe als Bestatter an. Eine Formalie, mehr nicht; Kenntnisse auf dem Gebiet nachzuweisen, ist nicht erforderlich. Ist auch gar nicht nötig für den von Ingo Hohn ersonnenen Kniff: Alle für eine Beerdigung erforderlichen Maßnahmen bis hin zur Kremierung erledigt wie üblich der Bestatter vor Ort. Um aber die Urne beim Krematorium abholen zu können, dafür ist dann der Gewerbeschein als Bestatter nötig.

Als nächstes steht dann Guatemala-Stadt auf dem Programm, zwecks Beisetzung der Totenasche. Die Urne reist entweder mit als Teil des Handgepäcks – eine Deklarierungspflicht besteht nicht –, oder aber sie wird per Botschaftskurier dorthin verbracht.

Guatemala deshalb, weil Ingo Hohn, der in seinem ersten Beruf Krankenpfleger war, eine Zeitlang dort gearbeitet hat. Die guten Kontakte, die er immer noch hat, erweisen sich jetzt, zur Durchführung seiner List, als außerordentlich hilfreich.

Kaum gelandet, wird die Urne ihrer endgültigen Bestattung zugeführt – das zumindest belegen die Dokumente, die die guatemaltekische Friedhofsverwaltung zur Vorlage bei den deutschen Behörden ausstellt. In Wahrheit wird die Urne mit einer guten Handvoll mittelamerikanischer Erde aufgefüllt und die solcherart gewonnene Mischung zurück nach Deutschland expediert. Ein Re-Import sozusagen, nach Recht und Gesetz deklariert als »dem Andenken des Verstorbenen geweihte Friedhofserde«. Mit Betonung auf Erde, die im übrigen keinerlei Einfuhrbeschränkungen unterliegt. Nach ca. sechs Wochen landet die Urne wieder in Deutschland. Jetzt aber zur freien Verfügung der Angehörigen.

Ganz billig ist dieser »kleine« Umweg aber nicht: Etwa 3500 Mark zusätzlich zu den auch ohne Bestattung anfallenden Kosten. Der Mehrpreis dürfte jedoch kaum ein Hinderungsgrund sein für diejenigen, die in Erfüllung des Letzten Willens handeln wollen. Und daß das immer mehr werden, zeigt die Praxis. Mehr als 80 Anfragen hat Ingo Hohn mittlerweile schon bekommen. Deswegen würde er auch lieber einen weniger umständlichen Weg wählen als den über Guatemala. Nur leider sind die Bestimmungen im benachbarten Ausland nicht weniger streng als in Deutschland. Vielleicht findet er ja eines Tages einen Trick, auch die zu umgehen.

GNADENERLASS

Nicht mit dem Guatemala-Trick, sondern per Gnaden-erweis war es einem Bauern aus Boltersen im Landkreis Lüneburg, Niedersachsen, vergönnt, den allgemein gültigen Friedhofszwang außer Kraft zu setzen. 1990 hatte der Mann seinen gerade verstorbenen Vater kurzerhand in eine Gefriertruhe gelegt, bis die zuständige Bezirks-regierung ein Einsehen hatte und ihm per Bescheid die Erlaubnis gab, den Altbauern auf dem Hofgrundstück beizusetzen. Das zu tun, ist in Niedersachsen, anders als in den anderen Bundesländern, nämlich ganz in das Ermessen der jeweiligen Kommune gestellt.

Aber der Bauer, mittlerweile an die 70 Jahre alt und, wie zuvor schon sein Vater, von einem bemerkenswerten Gerechtigkeitssinn beseelt, wollte nicht nur Gnade, sondern auch Recht bekommen. Bei dem Prozeß vor dem Oberverwaltungsgericht Lüneburg machte er geltend, daß die Welfen auch nicht auf einem gewöhn-lichen Gottesacker beigesetzt würden, sondern auf dem Leineschloß. Und der zu beobachtende Nieder-gang der Grabkultur, klagte der Bauer, würde letztlich dazu führen, daß man die Knochen nach nur 30 Jahren Liegedauer wieder ausbuddelt und womöglich zu Tier-futter verarbeitet.

Alsdann präsentierte der Bauer, dessen Familie schon seit 1540 auf dem Hof ansässig ist, dem Gericht eine Streitaxt, zum Beweis, wie sehr man früher darauf hielt, die Gräber der Ahnen zu hegen und zu pflegen. Vor 3000 Jahren einem Toten mitgegeben, sei diese typische Grabbeigabe aus vorgeschichtlicher Zeit näm-lich erst kürzlich wieder aufgetaucht, beim Pflügen.

OVG-Präsident Manfred Carl Schinkel mußte immerhin anerkennen, »daß die ländliche Bevölkerung sehr viel erdverbundener ist als die städtische und daß man vielleicht über eine Verlängerung der Liegedauer nachdenken müßte«.

Es müßten nicht gerade 3000 Jahre sein, kam ihm der streitbare Bauer insoweit entgegen. Aber ewige Ruhe, beharrte er, könne es nun mal nur in eigener Scholle geben. Woraufhin der OVG-Präsident mit der wahrhaft sokratischen Erkenntnis konterte: »Die Ruhe des Körpers ist begrenzt, nur die Seele ist unsterblich.«

Der Bauer indes lieferte dem Hohen Gericht noch ein schönes Beispiel für die unsterbliche Sturheit der Niedersachsen. Es stellte sich nämlich heraus, daß er mittlerweile bereits auf dem Neetzer Gemeindefriedhof gewesen war, um sowohl seine Mutter als auch seine Großmutter zwecks Verlegung auf den heimatlichen Hof exhumieren zu lassen. Mit dem Segen der Kirche übrigens, der der Friedhof untersteht. Das einigermaßen verblüffte Gericht konnte und wollte sich darüber kein

Urteil anmaßen, weil es eben nur mit dem Fall des Vaters befaßt war.

Mit Mutter und Großmutter sehr wohl befaßt war die zuständige Gemeindedirektion der Gemeinde Scharnebeck. Doch nach eingehender Prüfung sowohl des alten wie auch des derzeit geltenden Landrechts war klar, daß die Anlage von Privatfriedhöfen in Niedersachsen nirgendwo geregelt ist, so daß im Zweifelsfall zu gelten hat, daß erlaubt ist, was nicht einem ausdrücklichen Verbot unterliegt. Mit der Folge, daß besagter Bauernhof in Boltersen noch heute drei Grabstellen außerhalb des Friedhofs hat.

DAS GRAB SCHWEIGT, ES SPRICHT DER STEIN

Abgetakelt liegt der einst stolze Dreimaster vor Anker, so kündet ein auf Amrum beheimatetes Sandsteinrelief vom Ende einer Lebensfahrt. »Unter diesem Denkmaal«, heißt es auf der Inschrift, »in dem schauerlichen Dunkel des Erdreichs, ruht der entseelte Körper der achtbaren Frau des Captains Sönk Girres – Anna Johanna Sönken geb. Quedens aus Nebel. Als eine 45jährige getreue Gattin, als eine zärtliche Mutter von 5 Kindern und als eine wahre Christin durchwanderte sie unermüdet ihre Bahn, bis endlich 1815 d. 15. Febr. in einem Alter von 69 Jahren der Ausgerungenen der Wanderstab abgenommen wurde.«

Auf Amrum wie auf der Nachbarinsel Föhr gibt es noch viele solcher Stelen, die unter einem meist sehr symbolkräftigen Giebelbild die Lebensgeschichten der Inselbewohner schildern. Sie stammen aus einer Zeit, als die arbeitsfähigen Männer auf Segelschiffen aller Art die Meere kreuzten, um sich als Schmackschiffer und Austernfischer zu verdingen, den Walen nachzujagen oder Robben zu schlachten. Von ihren ausgedehnten Fahrten, die sie oft für Monate und nicht selten gar auf Jahre der Heimat entführten, brachten sie neben vielem anderen Steine mit und die Anregungen, sie auf ganz besondere Weise als späteren Grabschmuck zu bearbeiten.

Die meisten Grabsteine dieser Art, und bei weitem auch die schönsten, stammen von dem Amrumer Steinmetz Jan Peters. Ein Meister des Meißels, ritzte Peters die wahrhaft beredten Grabinschriften nicht einfach in den Stein, sondern arbeitete Buchstabe für Buchstabe aus dem Stein heraus, so daß sie ebenso erhaben sind wie die reliefartigen Bilddarstellungen. Das erforderte sehr viel Geschick im Umgang mit dem Meißel und eine ruhige Hand. Sein Können läßt sich noch heute bewundern. Nicht weniger als 91 von ihm gefertigte Grabplatten und Stelen sind erhalten geblieben. Als Denkmäler gepflegt, sind sie auf dem Amrumer St. Lukas-Friedhof zu besichtigen.

Für sich selbst und seine Frau hat der begnadete Steinmetzmeister allerdings keinen Stein gehauen. Dem damaligen Brauch folgend, hat er sich seinen eigenen Sarg gezimmert, in dem er, wie man sich noch heute erzählt, gelegentlich seine Mittagsruhe hielt.

Die so reich mit Reliefs, Ornamenten und erhabener Schrift versehenen Steine konnten sich aber nur die Begüterten leisten. Das waren nun nicht eben wenige, verhältnismäßig gesehen, galten doch Amrum wie auch

Föhr lange Zeit als Heimstatt nautisch außerordentlich befähigter »Commandeure und Captaine«. Die Mehrzahl der einfachen (See-)Leute jedoch mußte für den Fall, daß der blanke Hans sie holen kam, mit sogenannten Fliesen vorliebnehmen. Schlicht bearbeitete Steine zumeist und nur mit den allernötigsten Daten versehen, wie etwa der von Richard Richards, »gebohren d. 25. Augusti 1705«, von Beruf Steuermann und unter nicht geklärten Umständen »gestorben zu Amsterdam d. 6. Novemb: 1730«. »Ich lieg im Fried und Ruh/ in meinem Grabe/ derweil ich Hülf und Schutz/ von dir mein Heiland habe«, steht unter den Initialen seines Namens.

Die beredten Steine der vermögenden Insulaner bezeugen aber nicht nur ihren Reichtum, sondern häufig auch das Elend. Eines davon war die aufgrund von Scharlach, Diphterie, Keuchhusten und Typhus weitverbreitete Kinder- und Säuglingssterblichkeit und der Tod der Mütter noch im Kindbett: Kerrin Ercken etwa, »starb in ihrem ersten Wochenbette Ao. 1749 d. 1 September ihres Alters 21 Jahr weniger 6 Wochen«. Ihr Baby, ein Mädchen, »kam ans Licht Ao. 1749 den 24 Augos und erreichte nur 17 Wochen und drey Tage«. Schicksale dieser Art sind häufig vermerkt.

Soweit es die Männer betraf, konnten sie immerhin wieder heiraten, wie es auch Erck, der Mann der früh verstorbenen Kerrin Ercken, tat. Mit seiner zweiten Frau Inge hatte er neun Kinder, drei davon waren bereits tot bei der Geburt. Fehlte aber durch Seemannstod, wohl die häufigste Todesursache bei der männlichen Bevölkerung, nicht nur der Ehemann, sondern oft auch der einzige Ernährer einer vielköpfigen Familie, war es um die Hinterbliebenen schlecht bestellt.

Dann wurden aus einem gern als vergnüglich darge-
stellten Ehestand stille, fromme und vor allem entbeh-
rungsreiche Tage, einsam und trostlos die Nächte.

Da bedurfte es schon eines Mannes wie Jacob Nahmens, gleichsam der Robin Hood der Insel Amrum. Seine nächtlichen Beutezüge am Strand machten ihn zum
natürlichen Feind aller Strandvögte, die eifersüchtig
über das auf ihrem Abschnitt angeschwemmte Treibgut
wachten. Doch anders als jene war Nahmens, Steuermann und Schmackschiffer, bis er sich schließlich als
Müller niedergelassen hatte, nicht nur auf den eigenen
Vorteil bedacht. Das wußte jeder, sogar der Pastor. Der
Schwarzrock war es denn auch, der sich zum Fürspre-
cher von Jacob Nahmens machte, als dieser im Jahre
1816 der Räuberei nach der Strandung eines englischen
Schiffes angeklagt wurde. Der Pastor aber rühmte die
edle Gesinnung des Beschuldigten und bescheinigte
ihm »große Mildtätigkeit gegenüber den Witwen und
Waisen, deren hier auf dem Lande so viele sind«.

VORSICHT, STEINSCHLAG!

Hin und wieder kann es passieren, daß Friedhöfe zu
einer tödlichen Falle werden. So geschehen am Heiligen Abend des Jahres 1997. Familie T. aus der kleinen
Gemeinde St. Martin am Kärntner Wörther See freut
sich auf das abendliche Fest, für das schon alles vorbereitet ist. Wie jedes Jahr fahren Mutter und Vater T.
gemeinsam mit den beiden Buben Thomas (6) und
Jürgen (7) zum Ortsfriedhof, um am Grab der Großmutter eine Kerze aufzustellen.

Während die Familie in Andacht verweilt, beugt Jürgen sich vor, um im Kerzenschein den in Marmor gemeißelten Namen seiner Oma zu buchstabieren. »Er war gerade beim dritten Buchstaben, als der Stein plötzlich umkippte«, schildert der Vater das Geschehen. Alle Versuche, den zentnerschweren Block zu bewegen, bleiben vergebens. Der kleine Thomas steht weinend daneben und muß mitansehen, wie sein Bruder unter der immensen Last zu Tode kommt.

Als andere Friedhofsbesucher mit anpacken und den Stein endlich heben können, ist es für Jürgen bereits zu spät. Auch der herbeigeeilte Notarzt kann nur noch den Tod feststellen. Man vermutet, daß der Stein sich deshalb lockern konnte, weil das gefrorene Erdreich in den Tagen vor Weihnachten wieder aufgetaut war.

Damit nicht genug, trifft die Familie noch ein Schicksalsschlag. Als der 80jährige Großvater vom Tod seines Enkels erfährt, ereilt ihn am 2. Weihnachtsfeiertag ein tödlicher Herzinfarkt.

Zehn Jahre zuvor im nordirischen Draperstown. Der 67jährige Charles Rogers, Schankkellner im Ruhestand, sieht den Totengräbern bei der Arbeit zu. Sie heben das Grab aus für seinen Bruder. Plötzlich geben die Seitenwände nach, und Charlie Rogers, ein beherzter Mann, reicht einem der Totengräber eine helfende Hand. Durch den Aufwärtsschwung um das Gleichgewicht gebracht, stürzt Rogers nun selbst ins Grab.

»In dem Moment, als Charlie unten aufschlug«, schildert Totengräber Michael Convery den tragischen Verlauf, »setzte der Erdrutsch ein und zog den Grabstein nach sich.«

†

Hier ruht

CHARLIE ROGERS

**lebendig verschüttet in dem Grab,
das seinem Bruder zugedacht war,
und erschlagen von dessen Grabstein.**

Für einen dritten Fall dieser Art verbürgt sich Thomas Lynch, Bestattungsunternehmer in Milford, Michigan (USA), und gelegentlich auch als Schriftsteller tätig. Lynchs Vorfahren stammen aus Irland, genauer aus Galway, an der Westküste der grünen Insel.

Seit langem kaum mehr als ein unbedeutender Fischereihafen, war Galway bis in die Mitte des 16. Jahrhunderts eine blühende Hafenstadt, zu beträchtlichem Wohlstand gekommen nicht zuletzt dank der vorzüglichen Handelsbeziehungen, die ein gewisser Walter Lynch in der Nachfolge seiner Vorväter mit dem Königreich Spanien unterhielt. Das änderte sich, als Lynch, der auch das Amt des obersten Stadtrichters versah, über den eigenen Sohn Patrick zu Gericht sitzen mußte. Dieser hatte sich eines Mordes schuldig gemacht, ausgerechnet an dem Sohn eines spanischen Handelspartners. Vorsätzlicher Mord, entschied Richter Lynch im Patt seiner sechs Beirichter. Weil sich aber niemand fand, das Urteil zu vollstrecken, mußte der Richter selbst es tun, d.h. er lynchte seinen Sohn. Daß nun die späten Nachfahren derer, die die eigene Nachkommenschaft zu Tode brachten, Bestattungsunternehmer geworden sind, hat also durchaus eine gewisse Folgerichtigkeit.

In seinem lesenswerten Buch *Im Auftrag des Herrn – Lebensansichten eines Bestatters* gibt Thomas Lynch eine Episode zum besten, die sich, wie er anmerkt, wirklich zugetragen hat. Alles fing ganz harmlos an. Ein paar Jungs waren auf einem kleinen Dorffriedhof zugange, Grabsteine umzustoßen. Pure Langeweile, wie sie einen überkommt, wenn man irgendwo in einem Kaff in Kentucky wohnt. Aus Spaß wurde Ernst, als sie einen dieser Grabsteine davontrugen und ihn von einer nahen Brücke aus auf die darunterliegende Autobahn fallen ließen. Wie ein Geschoß durchschlug der 6,5 Kilo schwere Stein die Windschutzscheibe eines Kleinbusses, der mit 110 km/h unterwegs war. Die beiden Erwachsenen vorne hatten Glück, daß der Stein genau zwischen ihnen einschlug, dafür traf er die auf dem Rücksitz schlafende Stephanie mit fast unverminderter Wucht direkt auf der Brust.

Die Familie war auf dem Weg zu einer Farm in Georgia, wo, wie behauptet wird, am 13. eines jeden Monats die Mutter Gottes erscheinen und zu den Gläubigen sprechen würde. Wie durch ein Wunder war Stephanie nicht erschlagen worden, aber ihre Verletzungen waren so schwer, daß sie ihnen zwei Stunden später doch erlag. Die Polizei identifizierte den Grabstein, auf dem bislang nur »Reserviert für Foster« stand, als von einem Friedhof namens »Christi Auferstehung« stammend.

Später begleitete der Leichenbestatter Lynch Stephanies Eltern auf den Friedhof, um für ihre Tochter die geeignete Grabstelle auszusuchen. Als die Mutter eine Statue des auferstandenen Christus erblickte, der seine Arme ausgestreckt hielt, wünschte sie, daß ihre Tochter ebendort begraben werde, zur Rechten Christi.

Alle drei gingen sie hin, um die noch leere und nicht reservierte Stelle näher in Augenschein zu nehmen, da entdeckte Stephanies Vater, daß der benachbarte Grabstein den Namen FOSTER trug ...

SCHILLER UND GOETHE – DAS GRAUEN IN DER FÜRSTENGRUFT

Männer umschwirrten sie wie Motten das Licht, und selbst hartgesottene Kerls wie Jean Gabin oder Ernest Hemingway wickelte sie mühelos um den kleinen Finger: Marlene Dietrich. Uneingeschränkt leidenschaftlich zugetan war die kühle Diva aber einem Mann, dessen betörenden Worten sie schon als Internatsschülerin in Weimar erlegen war. »Meine Erziehung und der Einfluß Goethes«, bekannte die Dietrich in ihren Lebenserinnerungen, die in Anspielung auf eines seiner Gedichte *Nehmt nur mein Leben ...* betitelt sind, »gaben mir moralische Grundsätze, denen ich mein ganzes Leben hindurch treu geblieben bin.«

Die Stätten seines Wirkens aufzusuchen, war, wie die Dietrich schreibt, für viele Goethe-Fans »so etwas wie Lourdes für manche Katholiken«. Dies galt in besonderer Weise für die stille Andacht in der Fürstengruft, wo der verehrte Dichterfürst neben Schiller zur letzten Ruhe gebettet war. Wie unlängst zu erfahren war, wurde diese Ruhe zu Zeiten der nun nicht mehr existenten DDR aufs empfindlichste gestört, und das gleich mehrfach.

Am 18. März 1999, das von zumeist unaufgeregten Feierlichkeiten begleitete Goethe-Jahr nahm seinen

Lauf, da schreckte die *Frankfurter Allgemeine Zeitung* die Festgemeinde mit einer vermeintlichen Skandalgeschichte auf: »Die DDR öffnete Goethes Sarkophag«, und zwar, wie wohl nicht anders zu erwarten, in einer »Geheimaktion«. Diese bis in kleinste Details zu schildern, erübrigte die *FAZ* immerhin zwei Seiten Feuilleton, verschwieg aber auch nicht, dass ihr die ganze Sache schon etwas länger bekannt war. Bereits ein Jahr zuvor war nämlich jene »Sonderakte Mazeration Goethe« betitelte Kladde gefunden worden, im öffentlichen Bestand der anatomischen Sammlung des Goethe-Nationalmuseums, der ohnehin vielen zugänglich war.

Der Anlaß für die in der »Sonderakte Goethe« dokumentierte Aktion war, wie so oft, denkbar profan. Weil sich der Beschlag eines Schlosses gelöst hatte, klaffte der Sargdeckel auf. Eine gute Gelegenheit, die sterblichen Überreste des Dichters in Augenschein zu nehmen. Wäre es dabei geblieben, hätte wohl jeder Verständnis dafür gehabt, zuvörderst die *FAZ*. Doch was sich dann abspielte, so deren Fazit, war von Anfang an darauf ausgerichtet, aus Goethes Gebein eine Art Trophäe zu fabrizieren. Nicht, um sie öffentlich auszustellen, wie das für gewöhnlich mit Trophäen geschieht, sondern »im Verborgenen, aber mit um so größerer Brutalität«. Beteiligt an dem Frevel, begangen, klar, im Schutz der Nacht, am 2. November 1970, jenem Tag also, der den Christen »Allerseelen« ist: zwei Pathologen, ein Archäologe, der Direktor des Nationalmuseums und drei Restauratoren, allesamt Koryphäen ihres Fachs.

Die Experten waren sich im Ergebnis der Inaugenscheinnahme rasch einig: Der Leichnam Goethes war alles in allem in einem katastrophalen Zustand. An sich nicht weiter verwunderlich, schließlich war der Dichter nun schon seit 138 Jahren tot. Was also tun, um den drohenden Zerfall noch aufzuhalten?

Zu retten, was zu retten ist, wußten sich die sieben nur einen Rat. Runter mit dem alten Fleisch und dann die Knochen gebleicht. Dieses Verfahren, menschliches Gebein für die Ewigkeit zu präparieren, in der Anatomie Mazeration genannt, ist durchaus nicht unüblich.

Zweimal danach noch schlich die Siebener-Bande nächtens in die Fürstengruft. Einmal, um die sterblichen Überreste Goethes zu bergen, das zweite Mal, drei Wochen später, um die dank Mazeration gewonnene »Trophäe« an ihren angestammten Platz zurückzulegen. In der Zwischenzeit wurde der Geheime Rat eifrigst vermessen (Körperlänge 1,69 Meter) und aus allen nur erdenklichen Winkeln fotografiert sowie mit feinem Sand das Volumen seines Schädels eruiert (1550 ml); Knochen und Knöchelchen gezählt und durchnumeriert, dabei an der linken Hand einer als fehlend festgestellt, am rechten Fuß gar deren zwei, des weiteren wurde auch der zwischenzeitlich etwas

lädierte Lorbeerkranz so weit wiederhergestellt, daß er hernach ausschaute wie frisch geflochten.

Kleines Kuriosum am Rande: Die Textilien, in Sonderheit das mit Seegras gefüllte Kissen und das mit Glasperlen besetzte Totenhemd, zwecks Restaurierung an das Museum für Deutsche Geschichte geschickt, kehrten erst mal nicht wieder an ihren Bestimmungsort zurück. Wohl aber der Dichter selbst in seinem massiv eichenen, mit Blei ausgekleideten Sarkophag, knapp drei Wochen, nachdem man ihn aus seiner Totenruhe aufgeschreckt hatte. »Die Einbettung begann 16.15 Uhr und endete gegen 21.30 Uhr«, vermerkt das Protokoll.

Was folgte, war Goethes Begräbnis Numero drei. Das zweite war auf das Konto der Nationalsozialisten gegangen, die 1944, kurz bevor die Amerikaner einmarschierten, Schiller und Goethe in einen Sanitätsbunker einquartierten. Die angeordnete Sprengung, um zu verhindern, daß die Dichter den angloamerikanischen Kulturbanausen in die Hände fielen, schlug indes fehl, und so konnten die Amerikaner die Rückführung der beiden Särge als glänzenden Sieg für sich reklamieren. In einem großartigen Zeremoniell, die Särge »bedeckt mit Kränzen und amerikanischen Fahnen«, zog man in Weimar ein. Goethe unter dem Star Spangled Banner, ein Bild, das der Nachwelt leider nicht überliefert worden ist.

In der DDR, der sonst so betulichen, war die überall auf der Welt geheiligte Totenruhe, glauben wir der *Frankfurter Allgemeinen Zeitung*, ein ewiges Deckel auf, Deckel zu. Erstmals 1959, um Schiller, da schon länger tot als Goethe und deswegen seinerseits in keiner besonders guten Verfassung, mittels Mazeration zu bleichen. Bei der Gelegenheit machte ein Pathologe aus der damaligen Sowjetunion einen Abdruck des Schädels, um Schillers Gesicht zu rekonstruieren. 1963 wurden beide Sarkophage abermals geöffnet, zum Zweck der Bestandsaufnahme, wie es heißt. 1970 dann erneut, wie oben beschrieben, hernach aber mindestens noch zweimal, zuletzt in den frühen Achtzigern.

Mit der Totenruhe nahm Goethe es selbst allerdings auch nicht so genau, denn schon seit dem 22. September 1826 befand sich Schillers »Kopf-Reliquie« in seinem Besitz, und die Art und Weise, wie sie dorthin gelangte, ist mehr als abenteuerlich. Unheimlich. Gruselig.

Schiller war am 11. Mai 1805 auf dem Jakobskirchhof, in der Gruft des Kassengewölbes, beigesetzt worden. Alsbald mehrten sich jedoch die Klagen insbesondere der Schiller-Bewunderer, daß es noch immer kein Denkmal gab und auch der Sarg des Dichters nicht frei zugänglich war. Weimars Bürgermeister Karl Schwabe gerät darüber so unter Druck, daß er sich zu einer Nacht-und-Nebel-Aktion hinreißen läßt. Gemeinsam mit Oberbaudirektor Coudray, dem Leibmedicus Dr. Schwabe sowie dem Stadtschreiber und Hofadvokaten Aulhorn steigt er am 13. März 1826 hinab in die Gruft, um Schillers Sarg für das geplante Denk- und Grabmal zu bergen. In der überfüllten Gruft aber herrschte ein heilloses Durcheinander, »ein Chaos von Moder und Fäulnis und einzelner Stücke Bretter«, wie Schwabe später berichtet, so daß man unverrichteter Dinge wieder abziehen muß. Nicht weniger als sechs Särge, so viel steht zumindest fest, kommen für die Bergung in Frage.

Dem Bürgermeister läßt das keine Ruhe. Heimlich besorgt er sich den Schlüssel und steigt wieder in die

Gruft. Dort klaubt er sämtliche Schädel zusammen, 23 sind es insgesamt, die er, verpackt in einem großen Sack, in sein Hause bringen läßt. Im messenden Vergleich mit der Totenmaske identifiziert er schließlich einen der Schädel als den Schillers, ein Ergebnis, das er sich vorsichtshalber noch von zwei Ärzten bescheinigen läßt.

Doch wird die makabre Schädelvermessung des Bürgermeisters öffentlich und sorgt für Aufruhr unter der Bevölkerung. Nach einigem Gezerre wird entschieden, den Schillerschen Schädel im Sockel der lebensgroßen, von Johann Heinrich von Dannecker gefertigten Marmorbüste beizusetzen, wie in ähnlicher Weise zuvor schon mit dem des Philosophen Gottfried Wilhelm Leibniz (1646–1716) geschehen.

Die Büste Schillers bekommt einen Platz in der Fürstlichen Bibliothek, der Festakt samt Beisetzung des Schädels findet am 17. September 1826 statt. Goethe ist dabei ebensowenig anwesend wie der Großherzog Carl August. Wohl aber Goethes Sohn August, der dann auch den Schlüssel für das Postament, in der die »Kopf-Reliquie« sich befindet, bekommt.

Doch schon einige Tage später kann Goethe den gereinigten Schädel des Freundes in Händen halten und sich von ihm – in der Behaglichkeit seines Hauses – zu den Zeilen inspirieren lassen: »Ihr Müden also lagt vergebens nieder,/ Nicht Ruh im Grabe ließ man euch, vertrieben/ Seid ihr herauf zum lichten Tage wieder,/ Und niemand kann die dürre Schale lieben,/ Welch herrlich edlen Kern sie auch bewahrte.« So Goethe bei der Betrachtung von Schillers Schädel, nicht ganz wahrheitsgetreu mit *Im ernsten Beinhaus* war's betitelt.

Später bekommt der »höchste Schatz« einen Ehrenplatz in Goethes Haus, auf blausamtenen Kissen unter einem gläsernen Sturz. Auch Schillers Gebeine sind mittlerweile nachgekommen, sie ruhen, derweil Goethe dichtet, in der Bibliothek seines Gartenhauses.

Fast ein Jahr wohnt Schiller bei Goethe schon so »zur Untermiete«, als Ludwig I., König von Bayern, in Begleitung von Carl August dem Dichterfürst seine Aufwartung macht. Der kunstsinnige Monarch, zudem ein großer Bewunderer Schillers, ist zwar tief beeindruckt von dem Schädel, aber die getrennte Aufbewahrung von Kopf und Rumpf mißfällt ihm doch sehr. Eine Kritik, die bei Carl August ihre Wirkung nicht verfehlt. Er verfügt, Schillers »Reste« einstweilen in der Fürstengruft beizusetzen, bis eine bessere Lösung gefunden wäre. So geschieht es auch, am 16. Dezember 1828, mehr als zwei Jahre, nachdem Schiller bei Goethe unterkam. Weitere vier Jahre später, im März 1832, folgt dieser ihm in die Fürstengruft nach.

Schiller hat Ruhe bis 1911, dann werden seine Gebeine von dem Tübinger Anatom August von Froriep untersucht. Sein Befund: Nur wo Schiller draufsteht, ist auch Schiller drin, stimmt nicht. Schillers Gebeine finden sich in den Überresten des mittlerweile abgerissenen Kassengewölbes, die der Anatom eigens zu dem Zweck aufgraben läßt. Schiller Nummer 2, der echte diesmal, wird wie Schiller Nummer 1, der der wahre bleibt, nun ebenfalls in der Fürstengruft beigesetzt. Die Nummer 3 auf dem derzeit gültigen Lageplan.

Ob die Dietrich davon gewußt hat, ist nicht bekannt. Aller Goethe-Verehrung zum Trotz hat sie sich für ihren Grabstein jedenfalls kein Zitat des Meisters, sondern eines von dem früh verstorbenen Dichter Theodor Körner ausgesucht: »Hier steh ich an den Marken meiner Tage«, lautet es.

Überhaupt hat sich die Diva bis ins hohe Alter ihren legendären Sinn fürs Praktische bewahrt. »Eines Tages«, antwortete sie auf die Frage, wie sie sich ihr Ende vorstellt, »wird man mich in einen Sarg tun und neben meinem Mann begraben [Rudolf Sieber], und das wird das Ende von allem sein – so wie es sein sollte. Ich hoffe, da werden keine großen Reden gehalten. Kein Theater. Einfach weg mit dem Körper.«

DAS INDISCHE GRABMAL

Hinter einem großen Mann steht nicht selten eine durchsetzungsfähige Frau, die großer Taten fähig ist. Der karische König Mausolos hatte eine solche, und ihr Name war Artemisia. Nach seinem Tod um 350 v. Chr. ließ sie ihm in Halikarnass ein Grabdenkmal erbauen, das allein schon aufgrund seiner Größe ehrfurchtgebietend war. Daneben war es vor allem die kühne Verschmelzung unterschiedlichster Bau- und Stilelemente, die das Monument zum Urtyp aller Mausoleen machte, zu einem der sieben Weltwunder.

Auf einem mächtigen Unterbau, der die in den Fels gehauene Grabkammer des Königs barg, erhob sich eine ionische Säulenhalle, die anstelle eines Daches eine vielstufige Pyramide zu tragen hatte. Die Krönung der mit vielerlei Friesen geschmückten Konstruktion bildete ein vierspänniger Triumphwagen, der von überlebensgroßen Freiplastiken des Königs und seiner ebenbürtigen Frau Artemisia gelenkt wurde. Eine Mischung aus Amerikanismus und Gründerzeit, befand der österreichische Kulturgeschichtler Egon Friedell.

Sie muß eine wahrhaft bemerkenswerte Frau gewesen sein. Dennoch hat ihr gigantisch dimensionierter Pietätsprachtbau dem Lauf der Zeit nicht standgehalten und ist heute ein Trümmerfeld. Der Welt zum Trost, hat uns der Großmogul von Agra das eindrucksvollste Wunder der Neuzeit beschert, den Tadj Mahal.

Ganze 22 Jahre hat es gedauert, diese wohl schönste Liebeserklärung der Welt zu erbauen. Tatsächlich gilt sie allein einer einzigen Frau, Mumtaz Mahal, der Lieblingsfrau Schah Jahans.

»Die Erwählte des Palastes«, wie ihr Name übersetzt lautet, war ein halbes Leben damit beschäftigt, ihrem Herrn und Gebieter Nachkommen zu schenken. Nach der Geburt des vierzehnten Kindes verstarb sie im Kindbett, gerade 38 Jahre alt.

Ariomanth Begum, wie ihr Geburtsname lautete, wurde 1607 in den Harem aufgenommen, bereits fünf Jahre später machte der Schah sie zu seiner Zweitfrau. Die Einführung in die inneren Gemächer bedeutete nicht nur Prestige, sondern auch Einfluß. Den aber hatte sie sowieso schon, denn für den Schah war es die Liebe seines Lebens. Über dem schmerzlichen Verlust ergraut, beschloß er, dieser Liebe ein Denkmal zu setzen.

Die Trauer eines Mannes – wohl noch nie ist sie so formvollendet zum Ausdruck gekommen wie in diesem Grabmal, ein Requiem aus feinstem weißen Marmor, edlen Steinen und Gold. Die besten Kunsthandwerker aus Bagdad, Italien und Frankreich, die geschicktesten Maurer und Steinmetze, insgesamt fast 20000 Mann,

wetteiferten um die Gunst ihres Bauherrn und über-
boten sich im Erschaffen edler Mosaiken, Arabesken
und Kalligraphien. Der Schah war es zufrieden und
dankte auf seine Weise, indem er den Fähigsten unter
ihnen die Hand abschlagen ließ, damit sie etwas Vergleichbares wie in Agra nicht ein zweites Mal erbauten.

Pietät hat ihren Preis, im Fall des Tadj Mahal einen
astronomisch hohen. Die nicht enden wollenden Bau-
arbeiten ruinierten den Staatshaushalt, nachdem schon
die privaten Schatzkammern des Schahs leergeräumt
und die mit immer höheren Sondersteuern belegten
Bauern bis auf die letzte Rupie ausgepreßt waren.

Aurangzeb, ein Sohn des Schahs, sah keinen anderen Ausweg, als den in seiner grenzenlosen Trauer so
verschwenderischen Vater zu entmachten. Und so geschah es. Schah Jahan wurde verhaftet und in das Fort
von Agra überstellt.

Von dort war ihm immerhin ein tröstender Blick
auf sein Lebenswerk vergönnt, das wie die immer-
während e Liebe zu Mumtaz Jahal einer göttlichen Ein-
gebung entsprungen war. Das Farbenspiel im wech-
selnden Licht des Tages mag ihn in diesem Glauben
bestärkt haben. Der Schah verstarb 1666, acht Jahre
nach seiner Gefangennahme.

Wenn das im Sonnenaufgang milchige Weiß des
Marmors immer mehr an Festigkeit gewann, zu schil-
lerndem Silber wurde, sich wieder auflöste und die
ganze Anlage in zartes Rosa tauchte, bis sich zum Mit-
tag auch dieses wieder auflöste und in der steilen Sonne der Palast der Toten in dem reinsten Weiß erstrahlte;
wenn das gloriose Finale des Sonnenuntergangs den
Marmor wie mit Gold übergossen erscheinen ließ,

dann wurde vielleicht auch dem Schah leichter ums Herz beim Anblick der spiegelbildlichen Verdoppelung dieses an sich schon berauschenden Schauspiels in den eigens dafür angelegten Wassergräben.

Noch heute, 350 Jahre danach, hat die betörende Harmonie seiner Architektur nichts von der Magie und Faszination verloren. Und dabei ist das Tadj Mahal doch eigentlich unvollendet geblieben. Der untröstliche Schah plante nämlich, auf der anderen Seite des Flusses eine bis ins kleinste Detail genaue Kopie errichten zu lassen, als Mausoleum für sich selbst. Wie die Negativform des bestehenden, sollte dieses aber nicht aus weißem, sondern ganz aus schwarzem Marmor errichtet werden. Ein Nachtstück gewissermaßen, zum Zeichen seiner märchenhaft die Jahrhunderte überdauernden Trauer.

Mit dem Sturz des Vaters hat Sohn Aurangzeb nicht nur ein ruinöses Bauvorhaben unterbunden, sondern auch dafür gesorgt, daß die beiden Liebenden für immer und alle Zeit zusammenbleiben. Und damit sie nicht gestört werden von der täglich herbeiströmenden Besucherschar, liegen sie auch nicht in den reich verzierten Sarkophagen, die in der achteckigen Ehrenmalkammer zu bewundern sind, sondern in der Krypta darunter.

DIE PYRAMIDE AUF DEM ROTEN PLATZ

Eine gleichsam russisch-orthodox anmutende Form der Verherrlichung wurde einem Mann zuteil, der in nur zehn Tagen die Welt veränderte: Wladimir Iljitsch Uljanow, genannt Lenin, im Hauptberuf Revolutionär sowie Initiator und Organisator der Oktoberrevolution von 1917.

Doch schon sechs Jahre später, im Oktober 1923, befaßte man sich im Politbüro, dem Führungsgremium der Partei, mit der heiklen Frage, was im Falle seines Ablebens mit dem Leichnam des Mannes zu geschehen habe, der zu einer Ikone des russischen Volkes geworden war. Noch lebte Lenin, doch war er nach einem Schlaganfall ein Pflegefall. Halbseitig gelähmt und beinahe stumm, weil sprachbehindert, weilte er zwecks Genesung in Gorki, eine Tagesreise von der Hauptstadt entfernt.

Stalin, bemüht, die aufkommende Machtfrage für sich zu entscheiden, wollte ihm zu Ehren ein Mausoleum errichten, aber Nadeshda Krupskaja, Lenins Ehefrau, war strikt dagegen, ihren Mann zu einem Objekt der Anbetung zu machen. Lenin selbst übrigens auch, in seinem Testament hatte er verfügt, daß man ihn neben seiner Mutter auf dem St. Petersburger Wolchowskoe-Friedhof begraben sollte.

Nur Trotzki begegnete dem Ansinnen seines alten Widersachers mit unverhohlener Ironie: »Wenn ich den Genossen Stalin recht verstehe, schlägt er vor, die Reliquien des heiligen Sergey von Radonesh und des heiligen Serafim von Sarow durch die Reliquien Lenins zu ersetzen.« Stalin aber wußte, daß es genau darauf ankam. Man konnte nicht einfach die Kirchen stürmen, ohne dem Volk ersatzweise etwas anderes zu bieten.

Gleich nach Lenins Tod ließ er ihm eine sechsstufige Pyramide errichten, selbst um den Preis, daß der hoheitliche Grabbau mit seinen aztekisch-ägyptischen Anklängen eine Umgestaltung des Roten Platzes nach sich zog. Die eines Königs würdige Aufbahrung verfehlte nicht ihre Wirkung, denn Millionen Sowjetbürger pilgerten herbei, um sich in Ehrfurcht zu verneigen vor dem in einer Art Schneewittchensarg ruhenden Lenin.

Angesichts der stetig nachdrängenden Menschenmassen muß Stalin klar geworden sein, wie sehr es darauf ankam, den Kult um die eigene Person generalstabsmäßig in die Hand zu nehmen, um selbst, und möglichst noch zu Lebzeiten, zum ultimativen Objekt der Anbetung zu werden.

Allerdings war schon die Ikone Lenin akut vom Verfall bedroht, weil noch immer kein geeignetes Mittel zur dauerhaften Konservierung gefunden war. Und die Zeit drängte, denn nach nicht einmal zwei Monaten behelfsmäßiger Einbalsamierung war der Leichnam in einem beklagenswerten Zustand. Schließlich, am 5. März 1924, beriet ein aus politischen Führern und Wissenschaftlern gebildeter »Ausschuß für die Verewigung des Andenkens an Lenin« unter dem Vorsitz des Chefs der politischen Polizei, Felix Dzershinski, über dieses hochbrisante Problem. Nach diversen Kompetenzrangeleien wurde entschieden, Wladimir Worobjow, einen Professor aus Charkow, mit der Konservierung Lenins zu betrauen.

Worobjow hatte eine spezielle Rezeptur entwickelt, die es ermöglichte, einzelne menschliche Organe über Jahre hinweg quasi körperfrisch zu erhalten. Für die besonders heikle Arbeit an Lenins Leichnam stand ihm ein ganzes Team hochkarätiger Wissenschaftler zur Seite, darunter der Biochemiker Boris Zbarski.

Ausgestattet mit dem nötigen Ehrgeiz, noch dazu ein eleganter Lebemann, wußte Zbarski die mit seiner Tätigkeit verbundenen Privilegien durchaus zu schätzen. Und warum auch nicht, hatte doch das Team unter Worobjows Leitung hervorragende Arbeit geleistet. Nicht nur war es gelungen, den Körper vollständig zu erhalten, auch das Resultat war überaus verblüffend, manchen sogar unheimlich. Lenin sah beinahe gesund aus, gleichsam schlafend, fast so, als könne er jeden Moment wieder aufwachen.

Um ihm fortan ewige Jugend zu erhalten, war (und ist) allerdings auch eine ständige Pflege dieses Großpräparats vonnöten. Neben kleineren Arbeiten, etwa Stockflecken oder Pilzbefall in Schach zu halten, muß

er jedes Jahr einmal in die Wanne. Dann nämlich bereitet man ihm ein erfrischendes Bad aus Glyzerin und Kaliumazetat, zwecks »Generalüberholung«.

So beschreibt es Zbarskis Sohn Ilya, ebenfalls Biochemiker, der schon als Student 1934 in den Dienst des Lenin-Mausoleums getreten war. Wie sein Vater, der dieses Amt von dem 1937 verstorbenen Worobjow übernommen hatte, avancierte später auch der Filius zum obersten Leichenkonservator.

Stalin konnte zufrieden sein, schien damit doch sein Wunsch nach eigener »Ewigkeit« in den besten Händen. Und tatsächlich erlebte Moskau 1953, als die Nachricht von seinem Tod das russische Imperium und die Welt erschütterte, einen ähnlich großen Zulauf wie damals bei Lenin. Denn kaum, daß er an der Seite des großen Wladimir Iljitsch aufgebahrt lag, im flugs umbenannten Lenin-Stalin-Mausoleum, pilgerten auch schon Millionen Sowjetbürger herbei, um sich in Ehrfurcht zu verneigen vor dem unter einer gläsernen Haube ruhenden Väterchen.

Die Gunst, im hl. Schrein an der Seite des größten Revolutionärs aller Zeiten verweilen zu dürfen, währte indes nicht lang. Schon 1961, als Nikita Chruschtschow vor den Parteitag trat, tat er dies mit der erklärten Absicht, den noch überall präsenten Vorgänger vom Sockel zu holen. Chruschtschows Generalabrechnung gipfelte in dem Satz, daß das Mausoleum allzusehr nach Stalins Leiche stinke. So dauerte es nicht lange, bis diese daraus verbannt wurde und Stalin seither mit einer weit weniger exponierten Stelle an der Kreml-Mauer vorliebnehmen muß. Nur Lenin blieb, wo er war, überdies besser präpariert denn je, dank Zbarskis Sohn.

Noch besser präpariert war nur sein einst brillantes Gehirn, sollte es doch der Wissenschaft dienen, Lenins Genialität zu erkunden. Diesen heiklen Auftrag hatte ausgerechnet ein deutscher Arzt bekommen, der das prominente Gehirn zwar in immer feinere Schnitte zerteilte, Zehntausende an der Zahl, doch ohne daß es ihm je gelang, den Genius loci Lenins auch nur annähernd zu lokalisieren.

Heute, 75 Jahre später, steht das Lenin-Mausoleum immer noch, und der darin liegt, harrt entweder der längst überfälligen Bestattung – die gewiß nicht so prunkvoll ausfallen wird wie die seiner prominentesten Opfer, der wiederaufgefundenen Zarenfamilie – oder darauf, daß sein Geist zu neuem Leben erwacht und als Gespenst umgeht, in Europa oder anderswo.

DEM TOD EIN MUSEUM

Ist also der Tod museumswürdig? In Wien bestimmt, denn dort haben sie schon seit 1967 ein kleines, aber feines Bestattungsmuseum. Wer etwas übrig hat für den barocken Leichenpomp vergangener Tage, mit der eine »Schöne Leich'« zur letzten Ruhe eskortiert wurde, wer prunkvolle Bahrtücher ebenso liebt wie skurrile Bestattungsutensilien, etwa den von Kaiser Joseph II. verordneten Mehrweg-Klappsarg oder die Alarmvorrichtung für Scheintote, ist hier genau richtig, in der Goldeggasse Nr. 90 im 4. Bezirk. Und wenn das (übrigens nur auf Voranmeldung) zu besichtigende Museum einmal geschlossen hat, läßt sich überall in der Stadt leicht ein Ersatz finden für die entgangenen Freuden.

Zum Beispiel auf dem Zenträu, dem Zentralfriedhof in Simmering. Der ist, einem geflügelten Wort der Wiener zufolge, zwar nur halb so groß wie Zürich, aber doppelt so lustig. Kein Wunder: 1874 eröffnet, hält er für jeden lebenden Wiener zwei Tote parat.

In Deutschland, wo man dem Tod seit jeher weniger unterhaltsame Seiten abgewinnen kann, gibt es ein leidlich vergleichbares Pendant zum Bestattungsmuseum erst seit 1992. Und so sperrig wie das hiesige Verhältnis zu den letzten Dingen des Lebens ist schon der Titel des Museums, das sich ganz der »Sepulkralkultur« verpflichtet hat. Wobei sepulkral nichts anderes bedeutet als »das Grab(mal) oder Begräbnis betreffend«.

Beheimatet in der documenta-Stadt Kassel und angesiedelt am dortigen Weinberg, in unmittelbarer Nähe zum Landesmuseum, der Orangerie und der Neuen Galerie, geht es also um Begräbniskultur im weitesten Sinne. Träger des Museums, das unter anderem von der Kulturstiftung der Länder mitfinanziert wird, ist die »Arbeitsgemeinschaft Friedhof und Denkmal«, gegründet 1951.

Wissenschaftlich korrekt und auf größtmögliche Nüchternheit bedacht, werden auf ca. 1400 m² Ausstellungsfläche »Sachgüter der Todeskultur« präsentiert, vorwiegend aus dem deutschsprachigen Raum. Damit ist die ganze Vielfalt kultureller Zeugnisse gemeint, die in Zusammenhang mit Sterben, Tod, Grab und Gedenken entstanden sind. Historische und zeitgenössische Grabmale gehören genauso dazu wie Totenkronen und eine reichhaltige Sammlung von Trauertrachten, wie sie in früheren Zeiten üblich waren. Knapp ein Viertel der Museumsfläche ist Wechselausstellungen vorbehalten, die zwei- bis dreimal im Jahr stattfinden.

Ebenfalls sehr sehenswert ist die mittlerweile auf über 12000 Blätter angewachsene Graphische Sammlung. Sie umfaßt Zeichnungen und graphische Werke des 15. bis 20. Jahrhunderts, die neben der künstlerischen auch eine Bedeutung als kulturhistorisches Quellenmaterial haben. Eher im Verborgenen wirkt dagegen das dem Museum angegliederte »Zentralinstitut«, wo streng wissenschaftlich geforscht und gearbeitet wird.

Also ein Museum wie jedes andere auch? Nicht ganz, wie Reiner Sörries, der geschäftsführende Direktor, in einer Selbstdarstellung meint. Schließlich wird jeder einzelne der jährlich etwa 8000 – 10000 Besucher, die über die Schwelle des Museums treten, »mit seiner eigenen Wirklichkeit, seiner Bestimmung zum Tode konfrontiert«.

Treten Sie nur ein, Gevatter Hein – der »Bànane«, wie der Wiener ihn nennt, der »Beinerne« – heißt Sie allzeit herzlich willkommen.

POLITIK UND PIETÄT

Der Toten zu gedenken, ist normalerweise eine ganz intime Sache. Wenn Politiker das tun, gerät es nicht selten zu einem symbolträchtigen Akt, dessen Aussagewert mitunter heftig umstritten ist. Wie z.B. Willy Brandts Kniefall am Mahnmal im ehemaligen Warschauer Ghetto oder Helmut Kohls Auftritt an den Gräbern von Bitburg. Der gelernte Historiker Kohl legte diesbezüglich sogar noch einmal kräftig nach, und zwar am Volkstrauertag 1993.

Der Volkstrauertag wurde nach dem Ersten Weltkrieg eingeführt, auf Anregung des Volksbundes Deutscher Kriegsgräberfürsorge, um damit der Toten dieser vier Jahre zu gedenken. Die Nationalsozialisten schafften ihn 1933 gleich wieder ab und ersetzten ihn, wie unschwer zu erraten ist, durch den Heldengedenktag. In der Bundesrepublik gilt der Volkstrauertag seit 1952 wieder als Gedenktag. Der Tag hat bis heute nichts von seiner Bedeutung und seiner sinnstiftenden Wertigkeit eingebüßt.

Der 14. November 1993 war schon deswegen ein besonders denkwürdiges Ereignis, weil es in dieser frühen Phase des wiedervereinigten Deutschlands nicht nur darum ging, die Neue Wache in Berlin wieder in Besitz zu nehmen. Nach dem Untergang der DDR mußten die Hinterlassenschaften des real gescheiterten Sozialismus ganz rasch mit neuen Bedeutungsinhalten aufgefüllt werden. Darüber hinaus brauchte die alte neue Hauptstadt dringend ein Symbol, um die innere Einigkeit zu stärken. Der Ort dafür war bald gefunden, das »Mahnmal für die Opfer des Faschismus und Militarismus«, wie der Schinkel-Bau noch zu DDR-Zeiten hieß. Das Unternehmen als solches avancierte wegen seiner besonderen Bedeutung zur unbedingten »Chefsache«.

Aus gutem Grund, war doch die gern als »Umgestaltung« heruntergespielte Aktion nichts anderes als die Vereinnahmung der zentralen Gedenkstätte der DDR.

Die Regierung Kohl hatte sich schon früh auf eine bestimmte Plastik als Hauptbestandteil für den Innenraum der Neuen Wache festgelegt, die Pietà »Mutter mit ihrem toten Sohn« von Käthe Kollwitz. Die Statue sollte den facettenartig geschliffenen Kristallquader mit einer Ewigen Flamme darin ersetzen. Damit stand aber die gesamte von der DDR hinterlassene Innenraumgestaltung zur Disposition, also auch die in blutgetränkter Erde aus neun Konzentrationslagern eingebetteten Urnen, die eine mit den sterblichen Überresten eines unbekannten Soldaten, die andere mit denen eines unbekannten KZ-Häftlings.

Mit der frühzeitigen Vereinnahmung der Kollwitz hatte Kohl immerhin erreicht, insbesondere die SPD, die das Wirken der Künstlerin als eng mit der Arbeiterbewegung verbunden sieht, auf das gewünschte Ziel hin einzustimmen. Ebenso die Ostdeutschen, denn auch dort galt die Kollwitz, die selbst nicht alt genug wurde, die DDR noch mitzuerleben, als respektable Persönlichkeit.

Die von ihr geschaffene Figur mag durchaus ein »Urbild leidvollen Abschiedes« sein, wie die *Neue Zürcher Zeitung* schreibt. Bedeutsamer in diesem Zusammenhang ist jedoch der eindeutig christliche Bezug.

Das Motiv der Pietà, die Darstellung der trauernden Maria mit dem Leichnam Christi im Arm, taucht erstmals im 14. Jahrhundert auf und hat seitdem eine Vielzahl von Interpretationen erfahren. Besonders eindrucksvoll ist die um 1490 von Michelangelo geschaffene Marmorskulptur für die Peterskirche in Rom. Als Papst Johannes Paul II. unlängst vor aller Welt das Schuldbekenntnis der Katholischen Kirche ablegte, hielt er vor dieser Pietà zu einem Gebet inne, in dem er an die Erneuerung des Bundes zwischen Gott und den Menschen nach der Sintflut erinnerte. Käthe Kollwitz' Pietà stammt aus dem Jahre 1937.

Als Hauptbestandteil einer zentralen Gedenkstätte kommt sie, ob gewollt oder nicht, einem Glaubensbekenntnis von Staats wegen gleich, die alle diejenigen ausschließt, die diesen Glauben nicht teilen, wie z.B. die Juden, die damit aus einer neuen »Volksgemeinschaft« im wiedervereinigten Deutschland ausgeschlossen sind. »Den Opfern von Krieg und Gewaltherrschaft«, lautet die zu Füßen der Pietà eingelassene Inschrift. Ein scheinbar harmloser Satz, der mancherlei Irritation ausgelöst hat.

Die intim gehaltene Statuette, im Original lediglich 38 cm hoch, ist für repräsentative Zwecke natürlich wenig geeignet, zumal in dieser 16 mal 19 m messenden Halle. Auf Wunsch des Kanzlers wurde sie so weit aufgeblasen, »kolossal« vergrößert, wie die *Süddeutsche Zeitung* indigniert feststellt, daß die Mutter mit ihrem Sohn nun in etwa lebensgroß erscheint.

Auf diese Weise hat Kohl erreicht, was heutzutage nur noch selten gelingt: Er hat das Werk eines verstorbenen Künstlers zur Staatskunst gemacht. Ob Käthe Kollwitz selbst damit einverstanden gewesen wäre, wissen wir nicht. Ihre Erben, so hört man, hatten keine Einwände.

THANATOS UND EROS

Bates' Motel, wer kennt es nicht, und das düstere viktorianische Haus, wo Norman (Anthony Perkins) mit seiner Mutter lebt. Eine herrschsüchtige alte Frau, die immer das letzte Wort behält, und so ist es kein Wunder, daß Norman die Gesellschaft ausgestopfter Vögel bevorzugt, Eulen und andere Späher der Nacht. Hitch-

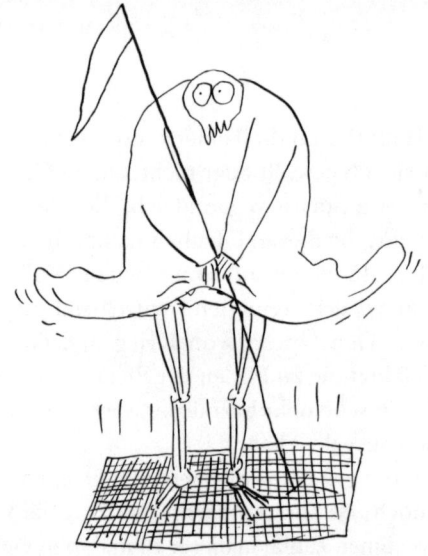

cocks *Psycho*, 1960 entstanden, das ist natürlich in erster
Linie die weltberühmt gewordene Duschsequenz. Nicht
weniger schockierend ist jedoch am Ende die Erkenntnis, daß Normans Mutter seit zehn Jahren eine mumi-
fizierte Leiche ist. Der Roman, der dem Regisseur als
Vorlage diente, berief sich auf die Geschichte eines
Mannes aus Wisconsin, der seine verstorbene Mutter
bei sich behalten hatte.

Die Liebe zu Leichen, besser gesagt, zu Mumien, ist
keine Spezialität amerikanischer Psychopathen. Die
Kunst des Präparierens und Einbalsamierens geht sogar noch vor die Entdeckung der Neuen Welt durch
Christoph Columbus zurück. Wurden vordem die edel-
sten Teile toter Monarchen, die blanken Knochen nämlich, in einem Reliquienschrein verwahrt, war man im
Verlauf des 15. Jahrhunderts immer mehr am vollstän-
digen Erhalt des Leichnams interessiert. Gleichzeitig
wurden auch die königlichen Bestattungen immer
prunkvoller, immer ausgefeilter und komplizierter die

sie begleitenden Zeremonien. Versehen mit den Attributen der Macht, wurde der konservierte Monarch nicht gleich in seiner Krypta »versteckt«, sondern im Gegenteil öffentlich ausgestellt: Der König stirbt nicht, bedeutet das.

Es dauerte nicht lange, und der hohe Adel hatte die möglichst lebensechte Haltbarmachung auch für sich adaptiert. Für die englische Aristokratie des 16. Jahrhunderts war die Einbalsamierung bereits eine feste Tradition, in der Folge ließ sich auch der französische Adel dazu inspirieren.

Doch neben dem Bestreben, der Nachwelt die eigene Unsterblichkeit zu demonstrieren, spielten private Gründe eine fast ebenso bedeutende Rolle. So manch ein Edelmann wollte seiner »teuren und heiß geliebten verstorbenen Gattin« auch im Tode nahe sein, wie es in einem Testament von 1652 heißt. Bleierne Särge sollten das stille Glück so lange wie möglich konservieren.

Auch Madame Necker, deren Mann Jacques ein Minister Ludwigs XVI. war, wünschte nichts so sehr, als nach dem Tod die Verbindung zu ihm aufrechtzuerhalten. Gemäß ihren Anweisungen wurden sie gemeinsam in einem Becken aus schwarzem Marmor, das mit Alkohol und Weingeist gefüllt war, konserviert. Statt mit einem Sargdeckel war das Liebespaar mit einem weiten roten Mantel zugedeckt.

In den Kirchen und Klöstern nahm das Wissen um die richtige Art der Konservierung immer spezialisiertere Formen an. Die Kirche der Franziskaner in Toulouse war berühmt für ihre »schönen« Leichen, die in einem dreiphasigen Verfahren haltbar gemacht wurden. Zuerst wurden sie in einer speziellen Erde begraben mit der

Eigenschaft, das Fleisch zu verzehren. (Je nach Bodenbeschaffenheit gilt Friedhofserde entweder als zehrend oder als konservierend.) Anschließend wurden sie in einem Saal des Kirchturms der Luft ausgesetzt, bis sie genügend ausgetrocknet und alle schlechten Gerüche verflogen waren. Dann erst wurden sie im »charnier«, einem Beinhaus für Mumien, beigesetzt, »wo die Leichen sich durch Jahrhunderte als Ganzes erhalten«, wie ein staunender Besucher notiert hat. Das Vorzeigestück der Franziskaner soll »die schöne Paula« gewesen sein, die alle Merkmale ihrer Schönheit behalten hatte.

Ein anderer Mumienfriedhof, der noch heute existiert, findet sich in Rom, in der Kapuzinerkirche beim Palast der Barberini. Aufrecht stehende Mumien findet man dort, gekleidet mit Kutte und Strick, die fast so schön sein sollen wie ihre Brüder in Toulouse. Sollte es je zu einem Wettstreit um die ansehnlichsten Mumien kommen, muß man sich allerdings mit einem weiteren Friedhof messen, den wiederum Kapuziner in Palermo errichtet haben. Die Toten dort sind nämlich alles andere als spartanisch, manche sogar ausgesprochen mondän gekleidet.

»Das Leben«, schreibt der französische Soziologe Jean Rousset, »ist nur eine Verkleidung des Todes.«

NEKROPHILIE IM STIL DER ZEIT

Eine besondere Form von Vaterliebe offenbarte sich Zollbeamten am Flughafen von Tel Aviv, als sie beim Durchleuchten der Gepäckstücke im Koffer eines indischen Matrosen ein Skelett entdeckten.

Wie die Zeitung *Yediot Achronot* am 27. Juni 1991 meldete, erklärte der Seemann den einigermaßen verblüfften Zollbeamten, daß er kein Zuhause habe und deswegen so lange mit den Überresten seines Vaters im Gepäck reise, bis er sich irgendwo niedergelassen habe. Dann, versprach er, wolle er den Papa ganz bestimmt beerdigen.

Zutiefst empfundene Mutterliebe zelebrierte Rudolph Moshammer, als es im August 1993 Abschied nehmen hieß von Else, seiner Mamá, die kurz nach ihrem 85. Geburtstag dahingeschieden war. Der Modeschöpfer aus München ließ es sich angelegen sein, ihr zu Ehren eine Trauerfeier abzuhalten, die seiner Verehrung für die Frau Mama wie für Sonnen- und Märchenkönige Ausdruck verleihen sollte.

Das Requiem, in Anwesenheit von allerlei Prominenz aus der lokalen und überörtlichen Kulturschickeria, wird in der barocken Theatinerkirche abgehalten. Zur Einstimmung intonieren Musik und Sänger der Bayerischen Staatsoper das Requiem von Wolfgang Amadeus Mozart. Die Traueransprache hält Dr. Gerhard Freund, Ehemann der Fernsehmoderatorin Petra Schürmann. Dr. Freund weiß zu erzählen, was der Verstorbenen größte Sorge war, nämlich den Sohn zu überleben. Der Angesprochene verweilt betend, mal sitzend, mal knieend, ganz vorne in der Reihe, mutterseelenallein, die Plätze links und rechts neben ihm sind leer. Die ihn verlassen hat, ruht vis-à-vis in einem Teakholzsarg, der über und über mit weißen Lilien bedeckt ist. Die getönte Tropfenbrille kaschiert nur schwer, daß der Sohn die Tränen nicht zurückhalten kann.

Tausende Münchener säumen den Odeonsplatz, als sich der Trauerkondukt, eine Flotte stattlicher Luxuslimousinen, langsam in Bewegung setzt. Zunächst geht die Fahrt zum nahe gelegenen Moshammer-Geschäft, dessen Auslage mit Grablichtern, Blumen und allerlei Trauerutensilien geschmückt ist. Die Gedenkminute hier wird musikalisch untermalt von einem Trommelwirbel, den eine Abordnung der Musikvereinigung Schleißheim zum besten gibt.

Weiter geht die Fahrt zum Ostfriedhof, wo dem Sohn ein stattliches Mausoleum gehört, auf dem sogenannten Promi-Anger gleich hinter dem Haupthaus. Vorerst gehört es jetzt erst mal seiner Mama, die unter einer mit Vögeln geschmückten Kuppel zur letzten Ruhe gebettet wird.

Nekrophilie, wie schon von de Sade beschrieben, wählt sich heute jedoch meist andere Formen aus. Die junge Französin Corinne Parpalaix etwa war im Orwell-Jahr 1984 weltweit die erste Frau, die sich vor Gericht das Recht erstritt, mit dem Sperma ihres toten Ehemannes künstlich befruchtet zu werden. Corinnes Mann war Ende 1983 an Krebs gestorben, nur wenige Tage nach ihrer Hochzeit.

Im Januar 1985 war der Fall abermals in den Schlagzeilen. Einem Bericht der Pariser Tageszeitung *Le Figaro* zufolge sollte Madame Parpalaix' Wunsch nach einem gemeinsamen Kind mit ihrem toten Manne wohl doch nicht in Erfüllung gehen. Die unternommene Befruchtung war jedenfalls gescheitert, und zwar aufgrund der unzureichenden Qualität des Spermas, wie es hieß.

Streit um das Sperma eines Toten gab es auch in Holland. Dort war im Mai 1988 ein junger, nur 20jähri-

ger Mann gestorben, der aufgrund eines bösartigen
Hodentumors in ärztlicher Behandlung gewesen war.
Nach der Operation mußte er sich noch einer Chemo-
therapie unterziehen, die allerdings, wie ihm mitge-
teilt wurde, seine Zeugungsfähigkeit beeinträchtigen
könnte. Daraufhin ließ er sich vorsorglich Sperma abnehmen und dieses dann einfrieren.

Der Rechtsstreit im März des darauffolgenden Jahres
entzündete sich an der Forderung der Eltern und der
Braut des Verstorbenen, die Universitätsklinik in Leiden
müsse das eingefrorene Sperma noch mindestens zwei
weitere Jahre einfrieren. Die Klinik hingegen verwies
darauf, daß das Sperma üblicherweise vernichtet wird,
sobald der Spender verstorben ist. Den entsprechen-
den Passus in dem Vordruck der Spendenbescheini-
gung hatte der junge Mann allerdings durchgestrichen.

Falls das Gericht der Verlängerung um zwei Jahre
zustimmen würde, wollte die Braut diese Zeitspanne
nutzen, in aller Ruhe darüber nachzudenken, ob sie

sich eventuell post mortem noch befruchten läßt. Zeitungsmeldungen zufolge lagen dafür sechs Portionen auf Eis, genug für eine Großfamilie.

La familia, die Familie, steht auch für die meisten Italiener ganz obenan, mehr noch die kleinen Bambini, denen die allergrößte Zuwendung gilt. Im Januar 1995 kam in Rom ein Kind zur Welt, dessen Mutter zwei Jahre zuvor gestorben war. Die kleine Elisabetta, sechs Pfund schwer und dem Vernehmen nach bei allerbester Gesundheit, war von ihrer Tante, einer Schwester der Verstorbenen, ausgetragen worden.

Elisabettas leibliche Mutter war nach einem Verkehrsunfall ums Leben gekommen. Ihre späte Geburt verdankt die Kleine dem Umstand, daß der Mutter kurz zuvor eine Eizelle zwecks Befruchtung entnommen worden war. Diese war dann mit dem Sperma des Vaters vereinigt worden, doch dann ereignete sich der schreckliche Unfall. Kurzentschlossen erklärte sich nun die Schwester der Toten bereit, das Los der Leihmutterschaft auf sich zu nehmen, um das Kind, immerhin ein Produkt der Liebe seiner Eltern, wie sie sagte, auszutragen.

FIESTA MEXIKANA

In der Titelsequenz seines Films *Unter dem Vulkan* (1983), einer Adaption des gleichnamigen Romans von Malcolm Lowry, läßt Altmeister John Huston die Gerippe tanzen. Schauplatz der Geschichte ist Mexiko, das beziehungsreiche Datum der 1. November 1938, das Jahr, in dem der bald weltweite Totentanz seinen Anfang nimmt.

Der Konsul a. D. Geoffrey Firmin, ein von Alkohol-exzessen schwer gezeichneter Mann, erlebt ein uner-wartetes Wiedersehen mit seiner Frau Yvonne, die ihn ein Jahr zuvor seines jüngeren Halbbruders Hugh wegen verlassen hatte. Um die Schatten der Vergangenheit zu verscheuchen, nehmen die drei teil an den Festlichkeiten, die am 2. November, dem Tag der Toten, ihren Höhe-punkt erreichen. Neben dem 12. Dezember zu Ehren der Hl. Jungfrau von Guadelupe ist dies der bedeutendste Feiertag, den der mexikanische Kalender kennt.

Ein Volksfest der besonderen Art, mit allem, was da-zugehört. Überall ertönt fröhlich-schmetternde Mu-sik, es wird gesungen und getanzt, und der Alkohol fließt in Strömen. Eine überschäumende Fiesta eben und schon von daher mit unseren Maßstäben kaum zu ermessen. Dies ist der Tag, an dem die Toten einen Tag Urlaub nehmen und herbeieilen, im Kreis ihrer Lieb-sten zu weilen. Damit sie auch sicher heimfinden, wird der Weg vom Friedhof mit duftenden Totenblumen, den »cempasuchil«, bestreut, und auch das Haus wird reichlich damit ausgeschmückt. Im größten Raum wird ein Hausaltar hergerichtet, davor eine Tafel, die überladen ist mit all den Leckereien, die der Tote zu Lebzeiten am liebsten gemocht hatte. Damit er sich dem Anlaß entsprechend in Schale werfen kann, liegen schon eigens beschaffte Kleidungsstücke bereit, und wenn er dann kommt, der hohe Gast, meist nach An-bruch der Dunkelheit, läßt man ihm den Vortritt an der Tafel. Dann erst, nach Ablauf einer Anstandsfrist, betritt auch die Familie den Raum, um ihm Gesellschaft zu leisten. Doch steife Feierlichkeiten, wie wir sie z. B. von Allerseelen kennen, sind in Mexiko kaum zu erwarten. Schon bald ist man bei dem, was der britische Ethnologe Nigel Barley die mehr oder minder ausgeprägte »Spaßecke« einer jeden Totenfeier nennt, in dem Fall »überbordende Fröhlichkeit, Exzesse und Tanz«.

Nicht einmal die Kinder gehen leer aus, im Gegenteil. Sie werden reich beschenkt mit kleinen selbstgebastelten Figuren aus Pappe, Zinn, Stoff und Holz, die, so unterschiedlich sie auch sind, ein einziges Thema variieren: den Tod, herausgeputzte Skelette in allen nur erdenklichen Alltagssituationen. Dazu jede Menge Süßigkeiten, die uns nicht minder makaber erscheinen. Grinsende Totenschädel aus Marzipan und Schokolade, schillerndes Glanzpapier in den Augenhöhlen und auf der Stirn der Name des Beschenkten in leuchtend buntem Zuckerguß … Nicht zu vergessen das süße »Totenbrot«, das die Form gekreuzter Knochen hat. Im übrigen wird auch der »angelitos«, der »Engelchen«, gedacht. Am 30. Oktober, wenn sie noch vor der Taufe gestorben sind, tags darauf der Getauften.

Bei Anbruch der Dunkelheit beginnt überall das Geläut der Totenglocken, das über viele Stunden anhält. Kurz vor Mitternacht strömen die Familien auf die bunt geschmückten Friedhöfe, um die Nacht bei ihren Toten zu verbringen. Die Frauen, festlich gekleidet, tragen ihren schönsten Schmuck, und auch die Männer erscheinen im Festtagsgewand. Im Schein der Kerzen versammelt man sich am Grab, das man wieder und wieder mit »cempasuchil« bestreut, und stimmt Gesänge an. Besonders eindrucksvoll ist die Stimmung auf der kleinen Insel Janitzo im Pátzcuaro-See, wo Hunderte von Kerzen die Nacht erhellen. Sie müssen neuerdings jedoch mit den Blitzlichtern der Touristen konkurrieren, die die Szenerie von allen Seiten her unter Beschuß nehmen.

»Der Mexikaner«, erklärt der Lyriker und Nobelpreisträger Octavio Paz die besondere Beziehung seiner Landsleute zum Knochenmann, »sucht den Tod, streichelt, foppt, feiert ihn, schläft mit ihm; er ist sein Lieblingsspielzeug und sein treuester Geliebter.«

Schon die Azteken fürchteten nicht Mictlantecuhtli, auch Herr über die Gefilde der Toten genannt, sondern Tezcatli-poca, den Gott des Verhängnisses; ein wahrhaft fürchterlicher Unheilbringer. Wo der Teufel seinen Klumpfuß, hat Tezcatli-poca einen rauchenden Spiegel, der es ihm erlaubt, die Sünden der Menschen zu sehen und ihre Absichten zu erkennen. Sein Richtwerkzeug ist der técpatl, ein Feuersteinmesser aus Obsidian, wie es auch die Priester hatten, um damit die Brust ihrer lebenden Opfer aufzuschneiden.

Dem alten Glauben zufolge ist schon die Geburt kein freudiges Ereignis, sondern gilt als »hora de muerte«, die eigentliche Todesstunde. Als »Gefangener des Lebens«, der er von nun an ist, und der Herrschaft des fürchterlichen Tezcatli-poca ausgeliefert, wird der Mensch ein ebenso freudloses wie beschwerliches Dasein fristen, voller Miseren und Kümmernisse. »Hier diese Erde ist der Ort des großen Wehklagens«, heißt es in einer alten Überlieferung, »der Ort, wo Bitterkeit und Bedrücktheit wohl bekannt sind. Die Erde ist kein Ort des Wohlergehens, es gibt hier keine Freude, es gibt kein Glück.«

Erst nach dem Tod beginnt ein neues, das wirkliche Leben, und das wird auf jeden Fall sehr viel besser sein, als das irdische je war. Dann löst sich der »Geist«, das eigentliche Ich des Menschen, von seiner sterblichen Hülle und macht sich auf die Reise nach Mictlan, dem verheißenen Reich der Toten. Eine lange und beschwerliche Reise, voller Gefahren, die erst nach einer Zeit von vier Jahren endet. Das erklärt auch die zahlreichen Grabbeigaben wie etwa Gegenstände des persönlichen Gebrauchs, Waffen sowie Schmuck und anderes, von dem man annimmt, daß der Tote sie nicht missen will.

Mictlan, das langersehnte Ziel, ist ein friedvoller und beschaulicher Ort, allein schon, weil dort die bei uns untergegangene Sonne scheint. Für alle Toten, denn die Hölle christlicher Vorstellung ist den Mexikanern unbekannt. Die Gäste des Totengottes, so beschreibt es ein 1941 in Teotihuacan wiederentdecktes Wandbild, führen ein wahrhaft arkadisches Leben voll heiterer Spiele und Lustbarkeiten, ganz so, als seien sie glücklich aus einem bösen Traum erwacht. Ein Alptraum, auch das Leben genannt.

Ein Alptraum, der auch den Konsul und seine Frau nicht verschont. Tezcatli-poca vernichtet sie beide, den Alkoholiker und die Ehebrecherin. Erst im Tod sind sie wieder vereint.

MARIO, DER HELD

Bei dem Großbrand, der in der Nacht vom 11. auf den 12. April 1997 in der Turiner Kathedrale San Giovanni Battista wütete und einen Schaden von rund 100 Millionen Mark anrichtete, geriet auch das dort aufbewahrte Grabtuch in Gefahr. Dieses Tuch gehört zu den wichtigsten Reliquien der katholischen Christenheit und wird seit 1578 im Turiner Dom aufbewahrt, seit 1668 in einer eigenen Kapelle. Daß das Heiligtum eines Tages dorthin wird zurückkehren können, ist das Verdienst eines Mannes, den sie seitdem alle nur noch Super-Mario nennen.

Der Überlieferung zufolge, und darin stimmen die vier Evangelisten überein, wurde Jesus nach der Kreuzesabnahme in ein Leinentuch gewickelt. Rembrandts um 1663 entstandenes Gemälde *Die Grablegung Jesu* z. B. nimmt darauf Bezug. Das 4,36 mal 1,10 m messende Turiner Tuch zeigt den Körperabdruck eines Mannes mit Verletzungen an Händen und Füßen und einer Stichwunde in der Nähe des Herzens. Die vermeintlichen Blutgerinnsel am Kopf des bärtigen Mannes werden als Spuren der Dornenkrone gedeutet. Gleichwohl gilt seine Echtheit als umstritten.

Im Jahre 1988 wurden Radiocarbon-Tests angestellt, die den Ursprung des Tuchs auf die Zeit zwischen 1260 bis 1390 datieren. Neuere mikrobiologische Untersuchungen haben diese Datierung jedoch wieder in Frage gestellt. Demnach erscheint es als wahrscheinlich, daß späterer Pilz- und Bakterienbefall die Ergebnisse der Radiocarbon-Methode verfälscht hat. So will man unlängst erst den Abdruck einer Münze im Bereich des rechten Auges entdeckt haben. Eine Münze, die exakt jenen entspreche, die zur Zeit des römischen Statthalters Pontius Pilatus in Umlauf waren.

Die Kontroverse um die Echtheit des Grabtuchs ist natürlich kaum mehr als der Streit um des Kaisers Bart. Eine Reliquie ist etwas, woran man glaubt, weil man daran glauben will, das allein macht ihre Echtheit aus. Und wenn sich einer um das Tuch verdient gemacht hat, dann ist es Super-Mario, Nachname Trematore, von Beruf Feuerwehrmann.

Inmitten meterhoch lodernder Flammen und brennender Trümmerteile, die um ihn herum herniederstürzten, zertrümmerte Super-Mario die Panzerglas-Vitrine, mit der die Reliquie gesichert war. Mehr als 100 Hammerschläge waren vonnöten, um das Grabtuch in Sicherheit zu bringen. 3000 Menschen, die gebannt vor der lichterloh brennenden Kathedrale auf das Schauspiel starrten, applaudierten voller Begeisterung, als Super-Mario der Feuersbrunst entkam und der Menge das wie durch ein Wunder unversehrte Tuch überbrachte. Viele der Anwesenden brachen in Tränen aus.

»Gott hat mir die Kraft gegeben, das Glas zu zerschlagen«, keuchte Super-Mario erschöpft und glücklich in die Mikrofone, bevor man ihn mit leichten Blessuren ins nächste Krankenhaus brachte.

ZWEIERLEI TOTENINSEL

Venedig kann sehr kalt sein, insbesondere, wenn eine Gruppe schwarzverhangener Gondeln von der Fondamenta Nuove aus die vorgelagerte Isola di San Michele ansteuert. Unwillkürlich fühlt man sich da an Julie Christie erinnert, die in Nicholas Roegs doppelbödigem Thriller *Don't look now* (dt. *Wenn die Gondeln Trauer tragen*) gleich zweimal als trauernde Witwe erscheint. Einmal in der Einbildung ihres Mannes, gespielt von Donald Sutherland, ein anderes Mal, am Ende des Films, nach seiner Ermordung.

Die Entstehung verdankt San Michele einem Edikt Napoleons, das die Dogenrepublik Venedig nicht nur zur Einführung der Demokratie nötigte, sondern auch die Weisung erteilte, die Toten nicht mehr in den Mauern der eng begrenzten Kirchhöfe beizusetzen. Eine kluge Entscheidung, angesichts der damals sehr bedenklichen hygienischen Verhältnisse in der Lagunen-Stadt.

Aber erst 1837 war es so weit, nachdem man die beiden Inseln San Cristoforo und San Michele durch Aufschüttungen vereinigt hatte. Seither ist die Insel mit dem kantigen Grundriß Begräbnisplatz aller Venezianer, und das ist auch der Grund, warum sich heute kaum mehr ein freies Plätzchen für die letzte Ruhe finden läßt.

Bei der Anfahrt jedoch erscheint die Insel seltsam wehrhaft, dank der umlaufenden Backsteinmauer, die kalkweiß gestrichen ist. Innerhalb der Einfassung wachsen dunkelgrüne, fast schwarze Zypressen empor, die gleichsam Totenwache zu halten scheinen. Nur an ihrer nördlichen Seite, wo das Kloster steht, das Camaldulenser Mönche bereits 1212 hier errichtet haben, öffnet sich die Insel terrassenartig. Imposanter als das Kloster ist jedoch die Kirche San Michele, ein Kuppelbau im Stil der Renaissance, dessen Fassade ganz mit istrischem Kalkstein verkleidet ist.

Bei einem Rundgang über den Friedhof, angenehm im Schatten der Zypressen, wird zweierlei augenfällig. Erstens wird die strikte Regel, wonach nur ein gebürtiger Venezianer hier beerdigt werden kann, offenbar sofort außer Kraft gesetzt, wenn eine berühmte und nun tote Persönlichkeit etwas Glanz auf die Insel bringt. So Igor Strawinsky, weil seine Oper *The Rake's Progress* in Venedig uraufgeführt worden ist. Dagegen bestand der Bezug, den der amerikanische Schriftsteller Ezra Pound zur Stadt hatte, wohl hauptsächlich darin, daß er hier gestorben ist. Anders Luigi Nono. Der weltweit berühmte Komponist experimenteller und Erforscher elektronischer Musik war gebürtiger Venezianer. Am 8. Mai 1990 dort gestorben, ruht auch er auf San Michele. Immer liegen weiße Rosen auf seinem Grab, angeblich werden sie von Nonnen dort abgelegt. Daß ihr Idol lange Zeit Mitglied im Zentralkomitee der Kommunistischen Partei Italiens war, stört sie nicht.

Auf dem Friedhof sieht man aber auch, daß die Außenmauern nicht allein der Befestigung, sondern auch als Kolumbarium dienen. So nennt man die Begräbnisstätten mit Nischen für die Urnen, deren Ursprung auf das alte Rom zurückgeht. Die Bestattung in einem solchen Nischenplatz, »oculo« genannt, gilt seit jeher als besonders vornehm, obwohl sie im Volksmund despektierlich »fornetti« heißen, kleine Backöfen. Respekt bezeugt man allerdings den Totengräbern, die man deshalb nicht wie andernorts »becchini« nennt, sondern »sterratori«, Erdarbeiter. Diese haben ordentlich zu schaffen auf San Michele, denn die meisten Venezianer liegen nun mal nicht in einer komfortablen Mauernische, sondern drei Fuß tief unter der Erde. Und weil es so eng ist auf der Insel, muß man die Särge, trotz streng begrenzter Liegezeiten – 20 Jahre sind das Maximum – immer öfter stapeln.

Das muß man auch im Land der unbegrenzten Möglichkeiten, im »Paradies Amerika«, wie das bei Egon Erwin Kisch heißt. 1928 war es dem »rasenden Reporter« schon fast gelungen, Hart Island, die Toteninsel von New York, in Augenschein zu nehmen. Sein Interesse galt dabei weniger dem Verbleib der Toten als vielmehr dem Verwahr der Lebenden, in einem Gefängnis nämlich, das eben zu jener Zeit noch rege in Gebrauch war. Doch wurde nichts daraus, aus dem einfachen Grund, weil Kischs »Permiß« bereits abgelaufen war. Sein Begehr, wenigstens den Toten auf Potter's Field einen Besuch abstatten zu dürfen, wurde ebenfalls abgeschlagen. Dafür wäre dann wiederum ein anderer Permiß nötig gewesen, den unser Mann natürlich erst recht nicht hatte. Kisch in Kalamitäten – für ihn ein Grund mehr, auch das Scheitern noch glänzend zu beschreiben.

Sechs Jahrzehnte später hat sich die Zahl der Toten, die jedes Jahr im »Mortuary« der Stadt New York
landen, von 16 000 auf 17 000 erhöht, und noch immer
nehmen sie vorübergehend Quartier in den zahlreichen
Schubfächern, über die das am Hafen gelegene Leichenschauhaus verfügt. Wenn dann all diese Unfallopfer,
Selbstmordkandidaten und die von fremder Hand Ge-
meuchelten nach Art ihres Todes unterschieden und
identifiziert worden sind, bleiben immer noch gut 3000,
die zuzuordnen nicht gelingt und die auch keiner will;
anonym und einsam wie schon zu Lebzeiten. Versehen
mit einem allerdings zeitlich unbefristeten Permiß,
werden sie dann nach der Toteninsel transferiert.

Wenn die alte Dieselfähre am Anleger von City Island die in schlichte Fichtenholzsärge verpackte Fracht
und ihre Totengräber an Bord genommen hat, beginnt
die vorerst letzte Etappe auf dem Weg des langen Ab-
schieds. Die Fahrt ist kurz – Hart Island liegt kaum
eine halbe Meile weit entfernt –, und doch ist dies der
äußerste Vorposten nicht nur der Bronx, sondern jeg-
licher Zivilisation, wie es aussieht. Die Insel ist kaum
mehr als eine etwas zu groß geratene Sandbank, aber
die kleinen Erhebungen stammen unzweifelhaft von
Menschenhand. Es sind die Überreste ehemals kläg-
licher Unterkünfte für geistig Behinderte, Gelbfieber-
kranke, Tbc-Patienten und Drogen-Junkies. Und natürlich Strafgefangene, deren Knast Kisch vergeblich zu
besuchen wünschte. Über all dem wächst jetzt Gras,
mithin ein Refugium für Kaninchen und Kormorane.

Strafgefangene sind es auch, die hier den letzten
Dienst am Menschen verrichten. Bevor sie ihrem Tag-
werk nachkommen können, muß man ihnen die Fesseln

abnehmen. Eine reichlich übertriebene Sicherheitsmaßnahme, denn die Männer hier sind ausnahmslos Kleinkriminelle, keine Schwerverbrecher. Nur wer wegen solcher Bagatellvergehen wie Trunkenheit am Steuer oder Diebstahl weniger als ein Jahr abzubrummen hat, darf zeitweilig den Beruf wechseln und Leichenbestatter spielen.

Dabei ist der Inselfriedhof, besser bekannt als Potter's Field, als solcher kaum erkennbar. Hier gibt es für die Toten keine Kreuze, keine Kränze, nur zwei Gedenksteine. Von Häftlingen errichtet der eine, von einem Unternehmer gestiftet der andere, kleinere. Nicht viel für die schätzungsweise 760 000, die hier mittlerweile begraben sind, seitdem die Insel 1868 in den Besitz der Stadt New York überging.

Über lange Leitern werden die Särge hinab in die Gruben bugsiert, um dort wie Kisten in einem Warenlager hoch aufgestapelt zu werden. Bevor das geschieht, wird jede dieser Totenkisten mit einer Kennung versehen, die der Aufseher in das Totenbuch überträgt.

Von Dienstag bis Freitag finden die Begräbnisse statt, übrigens selten nur mit geistlichem Beistand. Immer montags wird auch wieder ausgegraben, wenn auch nur ganz wenige, kaum mehr als 100 im Jahr. Das sind dann die, die doch noch identifiziert worden sind, von entfernten Verwandten, mitunter auch von plötzlich zu Reichtum Gekommenen, die es sich nun leisten können, einem Anverwandten ein »ordentliches« Begräbnis zu bereiten. Das übernehmen zuweilen auch Fremde, die sich auf der Suche nach einem einstigen Gönner plötzlich auf Hart Island wiederfinden. Um so wichtiger ist da ein penibel geführtes Totenbuch.

Potter's Field, der Töpferacker – so benannt nach dem Pilgerfriedhof, den die Hohenpriester mit dem Blutgeld für den Verrat an Jesus anlegen ließen –, birgt sicher noch so manches Schicksal, das vielleicht eines Tages der Vergessenheit wieder entrissen wird.

Sieben oder acht dieser Begräbnisstätten waren ehedem über das Stadtgebiet von New York verteilt. Mit dem Anwachsen von Potter's Field jedoch wurden sie nach und nach aufgelassen. Auf einem davon, hört man, soll heute das Waldorf-Astoria stehen.

EINE LEICHE VERSCHWINDET

Wohin mit einer Leiche, mit der man nicht in Verbindung gebracht werden will? Der Hannoveraner Polizeispitzel, Fleisch- und Kleiderhändler Friedrich »Fritz« Haarmann stand bekanntlich mehr als einmal vor diesem Problem, also machte er sich zuerst schwarzen Kaffee und dann an die Arbeit.

Den Toten legte er auf den Boden seiner kaum 7 m² messenden Dachkammer, wo er bei einer gewissen Frau Engel zur Untermiete wohnte. Er legte dem Toten ein Tuch übers Gesicht. »Dann«, gab er bei seiner Vernehmung zu Protokoll, »sieht er einen nicht so an.« Dank seiner Schlachterfahrung wußte er, was zu tun war. Der gesamte Kadaver wurde fachgerecht zerlegt, stückweise gesammelt in einem Eimer und dieser dann im Klosett entleert, das Fleisch paketweise in einer auswaschbaren Wachstuchtasche aus dem Haus geschafft. Die besten Stücke jedoch wurden entweder gebraten, zu Brägenwurst gemacht oder zu Sülze weiterverarbeitet. In der

Küche seiner ahnungslosen Wirtin übrigens, die sich über die großzügigen Fleischgeschenke Haarmanns ebenso freute wie Hund Fuchsie über die ihm zugeschobenen Knochen.

Weil Haarmann aber nicht immer gleiche Sorgfalt hatte walten lassen, konnte man ihn im Juni 1924 endlich dingfest machen. Bevor er bereit war, ein umfassendes Geständnis abzulegen, wollte er bei dem Pastor, der ihn eingesegnet hatte, die Beichte ablegen.

Geistigen Beistand wird der 73jährige Andras Pandy wohl nicht nötig haben, denn er ist selbst Pastor. Vieles deutet jedoch darauf hin, daß der gebürtige Ungar mit Wohnsitz in Belgien schon lange vom rechten Glauben abgefallen ist. So soll er gleich vier seiner acht Kinder ermordet haben. Die Anklagebehörde in Brüssel geht ferner davon aus, daß Pandy wenigstens eine seiner Ehefrauen auf dem Gewissen hat, außerdem 20 oder sogar noch mehr Kinder und Frauen teils ungarischer, teils rumänischer Herkunft. Der Geistliche indes, der seit 1997 in Untersuchungshaft sitzt, schweigt zu allen gegen ihn erhobenen Vorwürfen beharrlich.

Wo aber sind die Toten, fragt man sich. Bei Hausdurchsuchungen und Probegrabungen in Belgien wie auch in Ungarn wurden bislang nur Knochenreste und einige Zähne gefunden. Ende 1998 hat nun Pandys Tochter Agnes weitere grausige Details in diesem an Schauerlichkeiten nicht gerade armen Fall zu Protokoll gegeben.

Nicht nur bezichtigt sie sich selbst, ihre Mutter erschossen zu haben. Zudem behauptet sie, von ihrem Vater zum Inzest gezwungen worden zu sein. Vielleicht hat sie ihm auch den Haushalt geführt, denn wie Agnes aussagte, geschah die Beseitigung der Leichen mittels eines ganz gewöhnlichen Abflußreinigers der Marke »Destop«. Gemeinsam mit ihrem Vater habe sie die Toten erst darin aufgelöst und dann im Abfluß weggespült.

Doch Bruno Bulthé, der zuständige Untersuchungsrichter, hatte erhebliche Zweifel. Tests, die die Ermittler selbst durchgeführt hatten, vermochten ihn ebensowenig zu überzeugen wie die von Chemikern erstellten Gutachten, obwohl die einen wie die anderen zu durchweg positiven Ergebnissen kamen. Ähnlich dem beliebten Versuch, ein Stück Fleisch in Cola zum Schrumpfen zu bringen, um die Schädlichkeit der braunen Brause zu demonstrieren, ist es nämlich durchaus möglich, Fleisch in dem genannten Rohrreiniger gleich ganz zum Verschwinden zu bringen. Weil die Versuche aber jeweils nur auf Tierfleisch bezogen waren, beauftragte Richter Bulthé ausgerechnet die Katholische Universität in Löwen, einen richtigen Menschen aufzulösen.

Auch die Forscher in Löwen absolvierten zunächst die obligatorischen Tierversuche, bevor sie sich daran machten, die gewünschte »Korrosion«, wie Mediziner das Auflösen von Leichenteilen nennen, in Angriff zu nehmen. Eine Leiche gab es auch, und zwar den Körper eines Freiwilligen, der verfügt hatte, seine sterbliche Hülle der Wissenschaft zur Verfügung zu stellen. Zerteilt nach Pandy-Art, wurde die Leiche der angeordneten Korrosion unterzogen.

Allerdings nicht mit »Destop«, wie von Agnes angegeben, sondern mit einem Konkurrenzprodukt, wohl weil dessen Name so vielversprechend klingt: »Cleanest«. Und tatsächlich war »Cleanest« nicht nur gründlicher als der Mitbewerber, sondern auch viel effizienter im Vergleich mit der herkömmlichen Methode, den Korpus eines Toten durch reichliche Zugabe von HCl aufzulösen. Salzsäure hinterläßt nämlich immer Reste und kleine Stückchen, die leicht mal zu Problemen führen. »Cleanest« hingegen löst das Corpus delicti so gründlich auf, daß man die Brühe mit einem kräftigen Strahl Wasser durch den Abfluß jagen kann, ohne Angst haben zu müssen, eine Rohrverstopfung zu provozieren.

Auch Klaus Geyer, 58, ist Pastor. Oder war es zumindest, bis zu seiner Verurteilung am 16. April 1998. Geyer war beschuldigt worden, im Juli 1997 seine Frau Veronika, 53, zunächst mit einem Nageleisen (Kuhfuß) niedergeschlagen und dann so lange auf sie eingetreten zu haben, bis sie ihren Verletzungen erlegen war. Jäger, die wenige Tage später ein Wäldchen bei Rautheim-Mascherode, Gemarkung Pastorenkamp, durchstreiften, entdeckten die Leiche. Schwarze Ameisen aus einer nahe gelegenen Kolonie krabbelten über ihre Bluse. Ihretwegen und weil es das erste Mal war in der Justizgeschichte der Bundesrepublik Deutschland, daß ein Geistlicher eines solchen Verbrechens wegen angeklagt war, erlangte der Fall Geyer traurige Berühmtheit.

Geyer, Superintendent der Landeskirche in Wolfsburg und zeitweilig sogar Vorsitzender der Aktion Sühnezeichen, galt einerseits als ein umtriebiger Mann mit großem sozialem Engagement, andererseits munkelte man über die zahlreichen Affären, die eine ebenso offensichtliche Ehekrise mit sich brachten. Auch Frau Geyer-Iwand, Mutter von vier Kindern (drei leibliche, ein adoptiertes) und von Beruf Lehrerin, war sehr engagiert in der Gemeindearbeit. Ganz und gar praktisch veranlagt, war sie bekannt für ihr außerordentliches Organisationstalent und die Fähigkeit, andere zur Mithilfe zu motivieren. Man hielt sie allgemein für stark genug, die lange schon gescheiterte Ehe zu beenden; anscheinend war sie unmittelbar vor ihrem Tod dazu bereit.

Am 30. Juli 1997 wurde Klaus Geyer verhaftet, im Februar des folgenden Jahres begann der Prozeß. Geyer, ein geübter Redner, verbittet sich die Ungeheuerlichkeit der Anklage und kritisiert mehr als einmal, daß man keiner anderen Spur nachgegangen sei. Anhaltspunkte, um den von Geyer wortreich beschworenen großen Unbekannten aufzuspüren, hat das Gericht jedoch keine gefunden, wohl aber solche, die an einem Paar Gummistiefel der Größe 44 kleben und die in seinem, Geyers, Wagen gefunden wurden. Erde klebt an den Sohlen, die ein Bodengutachter vom LKA eindeutig als vom Tatort stammend zuordnen kann. Des weiteren eine Pflanze von der Art, wie sie sich auch am Fundort der Leiche bestimmen läßt.

Gleichsam als Kronzeuge in dieser straff gespannten Indizienkette fungierte allerdings eine kleine schwarze Ameise, die vom Täter unerkannt zertreten und am Schuhwerk klebend mitgenommen worden ist. Lasius fuliginosis, die Schwarze Holzameise, ist eine in Europa äußerst seltene Art. So selten, daß die Wahrscheinlichkeit, in eine Ameise irgendeiner anderen Art zu treten, um 400 mal höher liegt als bei der L. fuliginosis. Vertreter dieser Art aber waren es, die auf der Bluse der Toten umherkrabbelten, als man sie im Graben neben dem Feldweg am Pastorenkamp liegend fand.

Dieses kleine Krabbeltier war denn auch entscheidend für den Schuldspruch, als der Vorsitzende Richter Peter Kriebel nach 2 ½ monatiger Verhandlungsdauer das Urteil verkündete: acht Jahre Haft wegen Totschlags für den vom Dienst suspendierten Pastor Klaus Geyer.

Da wird einem der Bischof, den Luis Buñuel in seinem Film *Der diskrete Charme der Bourgeoisie* auftreten läßt, fast schon wieder sympathisch. Der Monsignore eilt an das Bett eines Gärtners, der im Sterben liegt. Als jener einen lange zurückliegenden Doppelmord beichtet, erkennt der Bischof in ihm den Mörder seiner Eltern. Also erteilt er ihm die Absolution, bevor er ihn auf seinem Sterbebett erschießt.

HERODOT UND DER FLUCH DES PHARAO

Im 5. Jahrhundert vor unserer Zeit unternahm der griechische Historiker Herodot, gemeinhin als »Vater der Geschichtsschreibung« bekannt, eine Reihe von Forschungsreisen, um die Regionen der damals bekannten Welt zu erkunden. In Ägypten, diesem »Geschenk des Nils«, fand er, daß es »mehr wunderbare Dinge und erstaunliche Werke enthält als alle anderen Länder«. Insbesondere der Totenkult hatte es ihm angetan, obwohl er selbst aus einem Land mit einer hochentwickelten Grabkultur kam. Doch war die der Ägypter bedeutend älter als die eigene, und der ungeheure Aufwand an Menschen und Material, ihrem Kult zu huldigen, war schlichtweg überwältigend. Mindestens 80 erhalten gebliebene Pyramiden, unzählige Totentempel und Sakkara, die Totenstadt nahe

der alten Hauptstadt Memphis, sind noch heute ein-
drucksvolle Zeugnisse jenes Kultes, der das gesamte
öffentliche Leben in einer Weise beherrschte wie wohl
sonst nirgendwo auf der Welt.

In der Vorstellungswelt der Griechen hatte das Seelenheil der Verstorbenen einen weitaus höheren Stellen-
wert als der Körper mit seiner unausweichlichen Vergänglichkeit. Der Tod ist gleichsam der Übergang vom
Körperlichen zum Geistigen, der Wechsel von den Nie-
derungen des Lebens hin zu einem höheren Bewußtsein. Die Ägypter hingegen erwarteten sich vom Jenseits

nicht geistiges Scheinleben, sondern körperliche Existenz, nicht das Abtauchen in unbekannte Sphären, sondern die sehr komfortable Fortführung ihres bisherigen Lebens. So war jeder Ägypter, der es sich leisten konnte, intensiv damit beschäftigt, sein künftiges Grab herzurichten und mit den notwendigen Dingen auszurüsten. Künstler waren damit beschäftigt, die Wände der Grabkammern zu bemalen, mit Szenen, die für den zu erwartenden Müßiggang charakteristisch sein sollten. Jagen und fischen etwa, aber auch segeln und große Feste abhalten. Das Allerwichtigste aber war, den toten Körper für das jenseitige Leben so lange wie möglich zu erhalten. Aus dieser Notwendigkeit heraus entwickelte sich die hohe Kunst des Einbalsamierens. In stark ritualisierter Form symbolisiert sie gleichzeitig die Wiederauferstehung des Osiris, jenes Gottes, der als Begründer der ägyptischen Zivilisation gilt. Weil er so beliebt war, wurde er von seinem eifersüchtigen Bruder Seth erschlagen, zerstückelt und die Teile in alle Welt zerstreut. Isis, die Gattin des Osiris, ruhte nicht eher, bis sie alle Leichenteile wiedergefunden hatte und ihr Mann wiedererweckt werden konnte. Horus, der falkenköpfige Sohn des Osiris, rächte den Vater und gewann so die Herrschaft über die Erde. Und wiederum war es Herodot, der uns das Procedere des Einbalsamierens und seine Bedeutung erstmals überlieferte.

Um den Leichnam haltbar zu machen, mußten zunächst die verweslichen Teile entfernt werden. Zuerst das Gehirn, das mit einem Metallhaken durch die Nase herausgezogen wurde, dann die Eingeweide, die durch einen linksseitigen Bauchschnitt entnommen wurden. Der Balsamierer trug dabei die Maske des Anubis, des schakalköpfigen Wächters der Toten. Nur das Herz blieb unangetastet, weil es als Sitz der Seele erachtet wurde. Die Organe wurden ebenfalls einbalsamiert, in Leinen verpackt und dann auf Alabasterkrüge verteilt, sogenannte Kanopen; je eine zu Ehren der vier Söhne des Horus. Der solcherart ausgeweidete Körper wurde mit reichlich Natron entwässert, danach teils noch mit feuchtigkeitsbindenden Spezereien gefüllt, mit Salböl und stark harzhaltigen Sägespänen gegen allzu raschen Pilzbefall geschützt, sodann die Haut mit ockerfarbenen Pigmenten wieder aufgefrischt. Dann erst wurde bandagiert.

70 Tage später fand die von Priestern geleitete Beerdigungszeremonie statt; ein Zeitraum, der sich aus einer bestimmten Sternenkonstellation ergibt. Die Mumie wurde zum Grabeingang gebracht, wo sie aufgestellt wurde, um die zeremonielle Mundöffnung zu vollziehen. Ausgeführt mit einer Art »Laryngoskop«, war sie dazu gedacht, dem Toten die Sinne für ein Weiterleben im Jenseits wiederzugeben. Nachdem die Mumie in der Grabkammer beigesetzt worden war, wurden die Kanopen mit den Eingeweiden ihr zu Füßen aufgestellt.

Zahlreiche Grabbeigaben sollten dazu dienen, das Leben »danach« in der gewohnten Weise fortzuführen. Dazu wurden sämtliche Bedienstete, Knechte wie Mägde, in Form von Holzfiguren nachgebildet. Höher gestellte Persönlichkeiten verfügten natürlich über weit mehr Personal, Schreiber etwa und Dienerinnen, die für mancherlei Formen der Zerstreuung zuständig waren. Und wie schon zu Lebzeiten gebot der Pharao über eine vollzählige und komplett ausgerüstete Streitmacht. Hinzu kamen sogenannte Uscheptis, wie man sie etwa im Grabe Tut-ench-Amuns fand. Das waren Ausrufer, die jedesmal, wenn während der »Überfahrt« der Name des Toten von den Göttern aufgerufen wurde, mit »Hier bin ich!« antworten sollten.

Nach der feierlichen Beisetzung war es die Pflicht der Angehörigen, die Totenfeiern abzuhalten. Unmittelbar am Grab wurden Lebensmittel geopfert, die entweder verbrannt oder nach einer Anstandsfrist verzehrt wurden. Im Neuen Reich, also in der Zeit nach 1550 v.Chr., wurde diese als lästig empfundene Pflicht mehr und mehr den bezahlten Totenpriestern übertragen.

Obwohl vielfach gesichert und gut versteckt, wurde die Totenruhe der Pharaonen und anderer Mumien immer wieder durch Grabräuber gestört. Wertvolle oder auch nur wertvoll erscheinende Grabbeigaben wurden geraubt, Sarkophage gewaltsam geöffnet, um den mit Edelsteinen besetzten Schmuck und die vielfach aus Gold gefertigten Gesichtsmasken zu entwenden. Noch ärger wurde es, als in der zweiten Hälfte des 19. Jahrhunderts immer mehr Hobbyarchäologen ins Land drängten. Darunter Abenteurer und Hasardeure aus Frankreich, England, Deutschland und Amerika, die über genügend Zeit und Geld verfügten, sich auf Schatzsuche zu begeben. Ähnlich wie Schliemann, der in Troja gräbt, ist man auf die sensationelle Entdeckung aus, um im Glanz dieses Ruhm in die Geschichte einzugehen. Dabei vertraut man ganz auf die ortsansässigen Grabräuber, die die verborgenen Zugänge zu den geheimen Grabkammern sehr genau kennen – und diese gegen reichlich Bakschisch auch verraten. Doch wirklich bedeutende Gräber werden kaum gefunden, zudem sind die Grabkammern allzuoft schon geplündert. Immer häufiger werden statt dessen die Mumien entführt und auf Schmuggelwegen außer Landes gebracht. Die beachtliche Sammlung ägyptischer Mumien, die das British Museum heute sein eigen nennt, ist auch auf die ungezügelte Entdeckerlust einiger Landsleute zurückzuführen. Viele Mumien gingen verloren, wenn sie als Teil einer Schiffsfracht irgendwo im Meer versanken. Andere wurden unter der Hand an obskure Mumienliebhaber verkauft, wurden für ein Aphrodisiakum zu Pulver vermahlen oder endeten als Beimengung von Künstlerfarben. Andere wiederum landen ganz einfach auf dem Müll, angeblich, weil sie schon so verrottet waren.

Manche Mumien wissen sich gut zu wehren, indem sie sich des Fluchs des Pharao bedienen. Ramses II. (1290–1223 v. Chr.) ist so ein Fall. Der »Bauherr unter den Pharaonen«, wie er auch genannt wird, war 1881 entdeckt worden. Bei seiner Überführung in das Kairoer Museum taktloserweise noch als »importierter Trockenfisch« deklariert, klagten die Wissenschaftler, die ihn untersuchten, bald über unerklärliche Symptome wie Mattigkeit und hohes Fieber; einige verstarben kurz hintereinander unter nie geklärten Umständen. Erst heute weiß man den Grund für diese und ähnliche Todesfälle. Die Mumie Ramses' II. ist von verschiedenerlei Schimmelpilzen befallen, deren Einzelgifte sich in Wechselwirkung mit den jeweils anderen potenzieren und daher hochgradig giftig sind. Ohne spezielle Filtermasken und Abluftvorrichtungen an der Leiche zu arbeiten, bedeutet, sich höchster Lebensgefahr auszusetzen. Der Fluch des Pharao kann tödlich enden.

DER TOTEN RUHE IST
IHR HIMMELREICH

Mehr noch als in Ägypten müssen die Toten im heutigen Europa um ihre Friedhofsruhe fürchten. Hatte die Totenruhe Tut-ench-Amuns immerhin mehr als 3000 Jahre gewährt, bevor der britische Archäologe Howard Carter ihm 1922 zu Leibe rückte, sollte die von Hans Albers schon nach wenig mehr als 30 Jahren zu Ende sein.

1960 war der Schauspieler auf dem größten Friedhof der Welt, dem in Hamburg-Ohlsdorf nämlich, beerdigt worden. Sieben Jahre später folgte ihm seine älteste Schwester Albertine nach, doch war dafür gesorgt, daß beider Grabesruhe wie auch die der übrigen Familienmitglieder für die nächsten 25 Jahre ungestört blieb. Dann sorgte ein kleines Schild für große Aufregung in der Hansestadt: »Die Ruhefrist für dieses Grab läuft ab.« Wird es also bald plattgemacht? fragten sich viele Hamburger. Ein Verleger erklärte sogleich, für Pacht und Grabpflege aufkommen zu wollen. Ein pressewirksames Windei, wie sich bald herausstellen sollte. Das »Großhamburger Bestattungsinstitut« (GBI) und die »Interessengemeinschaft St. Pauli« teilen sich nun die Pacht (20 400 Mark), die Grabpflege im Wert von 12 148 Mark hat die »Friedhofsgärtner-Genossenschaft Hamburg« übernommen. »Der Blonde Hans« darf also weiter ruhen, mindestens noch bis zum Jahr 2021.

Aufregung ganz anderer Art gab es um das Grab Rudi Dutschkes. Nach 20 Jahren auf dem St.-Annen-Friedhof in Berlin-Dahlem war das Ende seiner Ruhefrist in Sicht. Stimmt nicht, erfährt man dort, die Angehörigen seien informiert und auch willens, für Pacht und Pflege aufzukommen. Darüber hinaus gebe es noch einen dem Berliner Senat vorliegenden Antrag, das Grab als »Ehrengrab« zu erhalten.

Dutschke galt vielen als Inbegriff des Revoluzzers, ein Bürgerschreck und Unruhestifter, der, wo immer er auftrat, die Emotionen hochkochen ließ. Auf dem Höhepunkt der Studentenproteste, die die Republik in Aufruhr versetzten, wurde er vom größten Boulevardblatt Deutschlands zur Unperson erklärt. »Stoppt den Terror der Jungroten jetzt!« titelte die BILD-Zeitung zum Auftakt des Vietnamkongresses, den Dutschke mit vorbereitet hatte. Eine griffige Schlagzeile, die die rechtsradikale *National- und Soldatenzeitung* noch weiter zuspitzte: »Stoppt Rudi Dutschke jetzt!«

Als ein gewisser Josef Erwin Bachmann das las, saß er bereits im Zug nach Berlin, mit einer Pistole im Gepäck, fest entschlossen, »nicht die ganze Drecksarbeit der Polizei zu überlassen«, wie die BILD-Zeitung es formulierte.

Am Nachmittag des 11. April 1968, einem Gründonnerstag, stand Dutschke nahe dem SDS-Büro am Ku'damm vor einer Apotheke, um für seinen drei Monate alten Sohn ein Medikament zu besorgen. Bachmann fragte, ob er Rudi Dutschke sei, und feuerte auf ihn, als dieser bejahte, insgesamt dreimal. Die Tat wirkte wie ein Fanal, denn nur sechs Tage zuvor war der amerikanische Bürgerrechtler Martin Luther King erschossen worden.

Dutschke erleidet schwerste Kopfverletzungen. Als er wieder aus dem Koma erwacht, ist er hilflos wie ein kleines Kind und muß alles neu erlernen. Wolfgang Neuss, der geniale Kabarettist, gibt ihm Sprechunterricht. Was die wenigsten wissen: Dutschke ist nicht nur Revoluzzer, sondern auch überzeugter Christ. Mehrmals besucht er seinen Attentäter im Gefängnis, schließlich vergibt er ihm sogar, weil er Bachmann für einen Aufgehetzten hält.

1974, nach Jahren im Exil, kehrt Dutschke nach Deutschland zurück, promoviert zum Doktor der Philosophie an der Freien Universität Berlin. Fünf Jahre später nominiert ihn die Bremer Grüne Liste Umweltschutz für den Gründungsparteitag der Bundesgrünen, der am 10. Januar 1980 stattfinden soll.

Dazu kommt es nicht mehr. Dutschke erliegt den Spätfolgen des Attentats, er erleidet einen epileptischen Anfall – und ertrinkt in der Badewanne, am Heiligen Abend des Jahres 1979.

Mittlerweile hat die Mehrheit des Berliner Abgeordnetenhauses beschlossen, dem führenden Kopf der antiautoritären Studentenbewegung der sechziger Jahre ein Ehrengrab auf dem Waldfriedhof Dahlem zu gewähren. Darüber hinaus hat es aus Anlaß seines 20. Todestages eine offizielle Ehrung gegeben. Beides mit »Wiedergutmachungs- und Versöhnungsfunktion« für einen, der zur Überwindung undemokratischer Strukturen an den Universitäten und in der Gesellschaft beigetragen hat. Fehlt eigentlich nur noch, daß die BILD-Zeitung Abbitte leistet.

Auch Jim Morrison starb in einer Badewanne, allerdings in einem Pariser Hotel, an einem Herzstillstand. Sein Tod steht gleichbedeutend für die gewaltsame Ernüchterung der Woodstock-Generation, die mit Jimi Hendrix und Janis Joplin schon zwei ihrer bedeutendsten Fixsterne verloren hatte.

Morrison, einst schön wie ein junger Gott mit einem Hang zu narzißtischem Gehabe, avancierte schon früh zum vielbegehrten Sexidol – bis Alkohol- und Drogenexzesse ihm ein eher abschreckendes Aussehen gaben. 1943 als Sohn eines US-Admirals in Melbourne, Florida, geboren, bekannte sich der studierte Film- und Theaterwissenschaftler, der sich selbst als »Politiker der Erotik« verstand, »zum Dionysischen, zu den dunklen Trieben in uns selbst«. Mit seiner Band *The Doors* wollte er »Türen zur Freiheit, zum Unbekannten, zum Unbewußten, zum Unheimlichen« aufstoßen. In seinen düster-poetischen Rocksongs huldigte er den Wonnen des Abseitigen, nicht zuletzt durch die Lektüre von Freud, Nietzsche und Artaud inspiriert. Auch in seinen Bühnenshows kannte Morrison weder Scham noch Scheu, seinen absonderlichen Gelüsten zu frönen und dabei auch schon mal, wie einst Onan, Hand an sich zu legen. Handfester Ärger mit der Polizei, die deswegen bei seinen Konzerten aufmarschierte, war vorprogrammiert.

Ärger seinetwegen gibt es heute immer noch, denn sein Grab auf dem Père Lachaise ist eine Kult- und Pilgerstätte seiner Fans, die sich trotz elektronischer Überwachung und Alarmanlagen nicht davon abhalten lassen, dort Gelage und Rauschgiftpartys zu veranstalten. Sehr zum Unwillen der Friedhofsverwaltung übrigens, die mit Blick auf die bald zu Ende gehende Ruhefrist im Jahr 2001 schon hat verlauten lassen, seine sterblichen Überreste in die USA zurückschicken zu wollen. Mittlerweile hat sich aber ein Spender, der anonym bleiben will, bereit erklärt, für alle Schäden aufzukommen, die die Fans künftighin auf dem Friedhof verursachen.

Wer dieser Spender sein könnte, kann man allenfalls vermuten. Tatsache jedenfalls ist, daß Amerikas Rocklady Cher, 54, auf ihrer letzten Europatournee 1999 einen Abstecher nach Père Lachaise gemacht hat. Nach einem ausgiebigen Spaziergang soll sie so entzückt gewesen sein, daß sie nun ebenfalls auf dem schönsten Friedhof der Welt begraben sein will. Ein saftiger Scheck soll geholfen haben, ihren Wunsch irgendwann einmal auch zu erfüllen.

2001 – URNEN IM WELTALL

Wie sieht der Friedhof der Zukunft aus? Wird es vielleicht bald nur noch virtuelle Gräber geben, die man bequem vom heimischen PC aus besuchen kann? Unbeschadet von Witterungseinflüssen und behördlichen Zumutungen scheint das Internet noch am ehesten geeignet, für die letzte Ruhe zu sorgen. Um so mehr, da insbesondere die Inhaber sogenannter Reihengrabstätten dem Rotationsprinzip unterworfen sind, dessen Intervalle immer kürzer werden. In Berlin etwa wurde die Liegedauer von zunächst 30 auf 25 und dann noch mal auf die heute geltenden 20 Jahre gesenkt. Noch 1993 waren es 20 Jahre auch in Frankfurt, kaum zwei Jahre später war die Liegefrist schon auf 15 Jahre gesenkt. »Der Friedhof lebt von der Grabrückgabe«, begründet Horst Heil, Amtsleiter der Friedhofsverwaltung, die immer kürzer werdenden »Umschlagzeiten« (*Frankfurter Rundschau* v. 17.06.1993).

Platzprobleme auch in der Hauptstadt des Piemont, in Turin. Um diese zu beheben, wurde bereits im August

1989 ein Projekt gestartet, wonach Familien, die sich für eine Feuerbestattung entscheiden, keine Kosten haben. Das Besondere daran: Statt in einer Urne beigesetzt, soll die Asche in alle Winde zerstreut werden.

Dem Toten zu Ehren kann man eine Rose pflanzen und diese dann mit einer Gedenkplakette versehen. Stein und Grabstelle entfallen und alle damit verbundenen Folgekosten. Von dem Ärger unter Anverwandten oder mit den Ämtern ganz zu schweigen.

Ausgedacht hat sich das Ganze der Turiner Stadtrat Beppe Lodi, der sich laut AFP auf die Zustimmung des Erzbischofs berufen kann. »Wir werden einen ›Rosengarten der Erinnerung‹ schaffen«, so Lodi unter Hinweis auf die angelaufene Aktion, mit über 4000 Plakaten dafür zu werben. »Eine Einäscherung verwischt nicht die Erinnerung, verbrennt nicht die Seele, ist keine Sünde und (...) benötigt keinen Platz«, preist ein Engelchen, das eine Urne trägt, die Vorzüge dieser neuen Bestattungsart.

Ärger noch als im dichtbesiedelten Europa stellt sich die Situation im übervölkerten Asien dar. In China, wo die Bevölkerung trotz rigider Beschränkung auf ein Kind pro Familie rapide wächst, wird mittlerweile der Boden knapp. So knapp, daß erstmals im Juni 1988 eine Seebestattung erlaubt worden war. Im Beisein der Angehörigen wurde die Asche von 420 Toten im südchinesischen Meer versenkt.

Die Einäscherung wird in China schon lange propagiert, um insbesondere wertvolles Ackerland vor der Umwandlung in »unproduktive« Grabstellen zu bewahren. Während der Kulturrevolution waren Erdbestattungen sogar ganz verboten. Doch lassen die

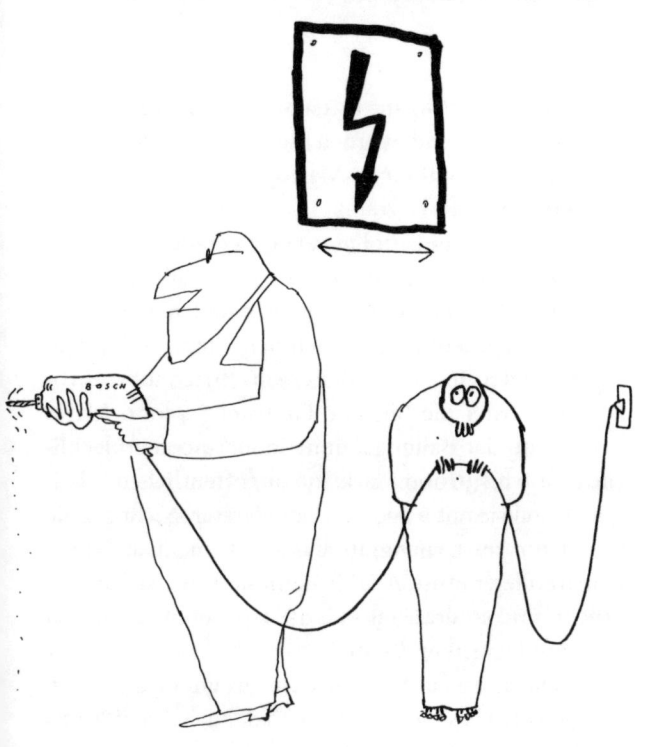

Behörden auch heute nichts unversucht, Geld, Zeit und vor allem Platz einzusparen.

Ziemlich genau fünf Jahre nach der ersten Seebestattung wurde in dem Küstenort Shenhu damit begonnen, ein sogenanntes Totenhaus zu bauen. Verteilt auf sieben Stockwerke, werden die sterblichen Überreste der Bewohner der Region in Urnenfächern aufbewahrt, ähnlich den Schließfächern einer Bank. »Der Kampf zwischen Lebenden und Toten um Platz ist akut geworden«, ließ ein Behördenvertreter in Shenhu verlauten.

Wie heftig dieser Kampf noch werden kann, zeigt

ein Beispiel aus Japan. In einer Lotterie, die bereits Ende 1987 stattfand, wurden die letzten 750 Grabstätten der Zwölf-Millionen-Metropole Tokio vergeben. Wohlgemerkt, die letzten.

Einer Umfrage zufolge verfügt gerade ein Drittel der Tokioter über eine Grabstätte innerhalb der Stadtgrenzen. Aber auch wer bereit ist, stundenlange Fahrten ins Umland in Kauf zu nehmen, muß mit horrenden Kosten rechnen. Auf dem Zentralfriedhof von Yokohama kostet die billigste Grabstelle 45000 Mark. Außerhalb der Ballungsräume immer noch erkleckliche 15000 bis 30000 Mark, nur auf öffentlichen Friedhöfen sind sie mit 6000 Mark moderater. Nicht gerade wenig für ein Urnengrab, das kaum mehr als einen Quadratmeter mißt. Aber Feuerbestattung ist nun mal Pflicht, und so drängen sich die Japaner auch im Tod noch auf kleinstem Raum.

Weil Japan zu gut zwei Dritteln aus unbewohnbaren Berggebieten besteht, gehören gerade auch Friedhöfe zu den heißbegehrten Immobilien. Allein von Ende 1983 bis Ende 1984 ist die Gesamtzahl aller Friedhöfe drastisch zurückgegangen, von 916654 (sic) auf 883896. Weil aber die Toten bei Shintoisten wie Buddhisten gleichermaßen großen Respekt genießen, wurde Mitte der achtziger Jahre des 20. Jahrhunderts damit begonnen, an den Steilhängen nahe der 8,5-Millionen-Stadt Osaka einen mit Tempeln und Parks ausgestatteten Friedhof anzulegen.

Auch die Bergeinsamkeit um den Schwarzsee in den Freiburger Alpen südlich von Bern dient seit 1990 »dem Unterhalt, der Bewirtschaftung und dem Schutz der Alp in ihrem natürlichen Zustand und der Beisetzung von Urnenasche«. Eigentümer der Alp Spielmann-da in der Gemeinde Cerniat, 1500 Meter über dem Meer gelegen, ist der Freiburger Schriftsteller Franz Aebischer. Ein hübsches Fleckchen Erde »von total 512321 Quadratmetern«, und damit nichts als »Weiden, Wälder und unproduktiven Bodens«, wie es im Grundbuch heißt. Ideal also für einen Friedhof, der nicht sofort erkennen läßt, daß er einer ist.

Gegen eine »Gebühr« von 1000 Franken (umgerechnet etwa 1200 Mark) kann man sich im Mittelteil der »Urnenalp«, bestatten lassen, im Schatten buschiger Alpenrosen. Nur die Asche, nicht die Urne, denn die Errichtung privater Gedenkstätten ist ausdrücklich untersagt.

Naturnah und doch sehr individuell durchgestaltet mögen es auch die Künstler, die der Kasseler Bildhauer Harry Kramer zwecks Errichtung einer »Nekropole« um sich geschart hat. Ebenso wie die Totenstädte der alten Ägypter im Westen ihrer Metropolen lagen, liegt auch die Künstler-Nekropole im Westen der Stadt Kassel, im Habichtswald von Harleshausen. Rund um den Blauen See, aber ohne die Natur selbst zu verändern, sind hier die sehr eigenen Grabdenkmäler von Fritz Schwegler, Werner Ruhnau, Timm Ulrichs, Heinrich Brummack, Rune Mields und Blalla W. Hallmann zu finden. Nicht zu finden ist dagegen die Urne des Initiators Harry Kramer, der, 1997 verstorben, anonym beigesetzt worden ist.

Allerdings bleibt zu fragen, ob das anonyme Grab, wie es auf deutschen Friedhöfen derzeit Hochkonjunktur hat, nicht bald schon wieder der Vergangenheit angehört. Wer gelebt hat, will auch der Nachwelt davon künden, und sei es nur, weil er zu Lebzeiten keine Aufmerksamkeit bekommen hat. Und die Anverwandten brauchen nun mal eine Adresse für ihre Trauerarbeit. Wilfried Leiweke, Vorsitzender vom »Bund freier Bestatter« mit eigenem Beerdigungsinstitut in Essen, kann ein Lied davon singen, so sehr gehört das Bergen anonym vergrabener Urnen zu seinem Tagesgeschäft.

Das Internet bewahrt uns vor der Vergeßlichkeit der Welt, unabhängig von einer amtlich festgesetzten Liegezeit. Dank weltweiter Vernetzung ist es jetzt möglich, daß Menschen von unserer Existenz erfahren, die wir zu Lebzeiten nie getroffen hätten. Das hilft zwar den Dahingeschiedenen nicht, tröstet aber vielleicht ein wenig über die Endlichkeit des Daseins hinweg. Klicken Sie sich ein. Unter http://memopolis.uni-regensburg.de., wahlweise auch www.hall-of-memory.org, können Sie sich Ihr eigenes Denkmal errichten, ganz ohne kleinliche Bauvorschriften.

Das eine tun und das andere nicht lassen, davon träumt der amerikanische Bestatter Thomas Lynch aus Milford, Michigan. Er schwärmt von einem Golfatorium, einer Kombination aus Golfplatz und Grabstätten, »wo sich die Tränen, die man über einen verpatzten ›Birdie‹ vergißt, mit jenen Tränen vermischen, die man über dem elterlichen Grab vergießt«.

Der, dem das alles zu wenig spektakulär ist, läßt sich in den Weltraum schießen. Seit 1997 bietet die in Garbsen bei Hannover ansässige Europaniederlassung der amerikanischen Firma »Celestis« diesen Service an. Die Urnen fliegen meist als Zusatzgepäck von Satelliten, die die Fracht in die Umlaufbahn bringen. Ist diese dann in 3000 Kilometer Höhe erreicht, schließt sich eine mehrmalige Erdumrundung an, bis der Satellit samt Urnenfracht beim Wiedereintritt in die Atmosphäre verglüht.

Kleiner Nachteil: Nur etwa 7 Gramm Asche passen in eine solche Urne von der Größe eines Lippenstifts. Der Rest muß also weiterhin auf einem Friedhof ruhen. Bis auch dort das Ende der Ruhefrist erreicht ist.

ÜBER DEN AUTOR

Bernd Mollenhauer, geboren 1958, ist Absolvent der Hochschule für Fernsehen und Film München und lebt heute als Drehbuchschreiber und freier Autor in München.

NOCH MEHR ANLEITUNGEN ...

Alle Bände schön gebunden, Leinen mit Lesebändchen

Albert Memmi
ANLEITUNGEN ZUM GLÜCKLICHSEIN
Aus dem Französischen von Regina Keil u.a.

Gaston Salvatore
ANLEITUNGEN ZUM UMGANG MIT SCHÖNEN FRAUEN

Alexander Theroux
ANLEITUNGEN EINE FARBE ZU LESEN
BLAU • GELB • ROT
Aus dem Amerikanischen von Michael Bischoff
ORANGE • PURPURN • GRÜN
Aus dem Amerikanischen von S. Wohlfeil und M. Schmidt

Arthur Asa Berger
MORGENSTUNDE. MR. BLOOM STEHT AUF ODER
ANLEITUNGEN FÜR KLUGE MÄNNER
Aus dem Amerikanischen von Karin Diemerling
Mit Vignetten vom Autor

Alfons Kaiser (Hg.)
DIE WELT DER VORNAMEN
ANLEITUNGEN AUS 22 LÄNDERN,
NAMEN ZU VERSTEHEN
Mit Vignetten von Beck

MFK Fisher
AUSTERN ZUM BEISPIEL
ANLEITUNGEN ZUM UMGANG
MIT EINER DELIKATESSE
Aus dem Amerikanischen von G. Dietze und G. Grözinger
Mit Vignetten von Florian Zietz

Luciano Canfora
ACH, ARISTOTELES!
ANLEITUNGEN ZUM UMGANG MIT PHILOSOPHEN
Aus dem Italienischen von Peter O. Chotjewitz

... UND LEBENSGESCHICHTEN ...

Gebunden mit Schutzumschlag

Robert Whymant
RICHARD SORGE –
DER MANN MIT DEN DREI GESICHTERN
Aus dem Englischen übersetzt von Thomas Bertram
mit zahlreichen Abbildungen

Pietro Citati
KATHERINE MANSFIELD
Ein kurzes Leben
Aus dem Italienischen übersetzt von Dora Winkler

György Dalos
OLGA – PASTERNAKS LETZTE LIEBE
Fast ein Roman
mit zahlreichen Abbildungen

György Dalos
DER GAST AUS DER ZUKUNFT
Anna Achmatowa und Sir Isaiah Berlin
Eine Liebesgeschichte
mit zahlreichen Abbildungen

Ursula El-Akramy
TRANSIT MOSKAU
MARGARETE STEFFIN UND MARIA OSTEN
mit zahlreichen Abbildungen
Broschur

Peter Ostwald
»ICH BIN GOTT«
Waslaw Nijinski – Leben und Wahnsinn
Aus dem Amerikanischen übersetzt von
Christian Golusda und mit einem
Vorwort zur deutschen Ausgabe von John Neumeier
mit zahlreichen Abbildungen

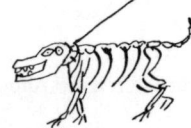

... UND ZEITBILDER

Dominique Marny
DIE SCHÖNEN COCTEAUS
Aus dem Französischen übersetzt von Bettina Schäfer
mit zahlreichen Abbildungen

Wolfgang Held
MANCHES GEHT IN NACHT VERLOREN
Die Geschichte von Clara und Robert Schumann
mit zeitgenössischen Abbildungen

Werner Pieck
DIE MOZARTS
Porträt einer Familie
mit zeitgenössischen Abbildungen

John Fuegi
BRECHT & CO.
Biographie
Autorisierte erweiterte und berichtigte
deutsche Fassung von Sebastian Wohlfeil
mit zahlreichen Abbildungen

Susanne Knecht
LADY SOPHIA RAFFLES AUF SUMATRA
*Ein wagemutiges Leben – wiederentdeckt und
aufgeschrieben in Sumatra, London, Berlin*
mit zahlreichen auch zeitgenössischen Abbildungen

Herbert R. Lottman
DIE ROTHSCHILDS IN FRANKREICH
Geschichte einer Dynastie
mit zahlreichen Abbildungen

Claude Francis/Fernande Gontier
COLETTE
Aus dem Französischen übersetzt von Linda Gränz
mit zahlreichen Abbildungen

David Bret
CALLAS
Aus dem Englischen übersetzt von Götz Burghardt
mit zahlreichen Abbildungen